.

거래처 리스크 관리를 위한

회계 및 손익 관리 기법 이렇게 하여라

이충호 지음

경영자, 임원, 기획팀과 구매팀, 영업사원들은 거래처 리스크 관리를 위해서는 재무제표를 볼 줄 알아야 한다. 또한 손익관리를 위해서는 공헌이익을 관리할 줄 알아야 한다. 22년의 실무 경험과 20년 이상 교육기관과 기업체에서 1000회 이상 교육과 경영 컨설팅을 하면서 핵심적인 요소를 상황 설정에 따라 질의 응답을 강의식으로 흥미롭게 기술하였다.

- 재무제표를 알면 거래처가 보인다.
- 공헌이익을 알면 다양한 손익관리를 할 수 있다.
- 매출채권 관리 및 회수 프로세스를 알면 부실채권을 예방할 수 있다.

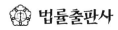 법률출판사

경영의 꽃은 영업이다

2024년 년 초부터 태영건설의 경영상 어려움으로 매스컴을 뒤흔들었다. 다행이 워크아웃으로 결정이 나서 회생절차로 가는 길은 막았으나, 수습하는 데는 많은 노력이 뒤 따를 것이다. 기업은 영업실적에 따라 웃고 우는 희비가 엇갈린다. 영업실적이 향상됨에 따라 기업의 성장도 함께 한다. 만일, 영업실적이 부진하면 영업이익도 저조할 것이고, 영업이익이 저조하면 현금흐름도 좋지 않고 결국 회사는 부도가 나고 말 것이다. 기업의 상황이 좋지 아니하면 폐업하가나 회생신청을 하거나 파산 또는 청산을 하거나, M&A가 이루어져 결국 흔적도 없이 사라지게 될 것이다. 그래서 기업 경영은 잘못되지 않도록 경영관리를 잘해야 한다. 경영관리를 잘하기 위해서는 어떻게 할 것인가? 거래처에 대해서 리스크 관리를 잘해야 한다. 회사는 기본목표가 있다. 하나는 이익목표이고, 다른 하나는 매출목표이다. 영업에도 기본목표가 있다. 하나는 매출목표이고, 다른 하나는 판매대금 회수 목표이다. 매출목표를 달성하기 위하여 영업사원은 회사를 대표하여 고객을 접촉하고 협상을 통하여 계약을 체결하고 재화와 용역을 공급한다. 고객과의 계약조건에 따라서 단기적으로 거래를 하는 경우도 있지만 장기간에 걸쳐서 거래를 하는 경우도 있다. 영업사원은 영업 활동을 하면서 2가지 관점을 인식하고 거래를 해야 한다.

우선, 거래처에 대하여 리스크 관리를 할 줄 알아야 한다

B2C, B2B 거래처에 대한 리스크 관리를 할 줄 알아야 한다. B2C는 정성적 조사를 바탕으로 하나 B2B는 정량적 조사인 거래처의 재무제표를 바탕으로 이해하고 분석할 줄 알아야 한다. 따라서 영업사원은 재무제표, 즉 재무상태표(또는 대차대조표), (포괄)손익계산서, 현금흐름표를 이해하고 분석하여 리스크 관리에 활용할 줄 알아야 한다. 영업사원은 아무리 많이 판매하고도 판매대금을 회수하지 못하고, 적정이윤을 창출하지 못하면 영업력이 있다고 볼 수 없다. 따라서 거래처에 대한 신용조사를 통하여 건전성 여부를 판단하고, 적정이윤을 창출하면서 거래를 해야 한다.

거래처에 대한 신용조사는 크게 정성적 평가와 정량적 평가로 구분하여 조사를 해야 한다. B2C 거래처는 정성적 조사를 중심으로 경영능력, 영업능력, 경쟁력, 재산능력, 자금능력, 회사 분위기 등에 대하여 하는 것이고, B2B 거래처는 정성적조사와 더불어 정량적 조사인 재무제표를 통하여 유동성, 안정성, 수익성, 성장성, 활동성, 생산성 분석 등을 하는 것이다.

이 정량적 조사인 재무제표 분석항목 중에서 반드시 거래처에 대하여 최소한 6가지 정도는 체크하고 거래를 해야 한다. 즉, 단기적으로 지급능력은 있는지, 장기적으로 지급능력은 있는지, 이자 지급능력은 있는지, 매출은 총투자대비 잘 나오는지, 지속경영 정도의 이익은 나오는지, 투자는 지나치게 과잉투자는 되고 있는지 등을 확인하고 거래를 해야 한다.

저자는 오랫동안 수많은 기업체를 대상으로 교육 및 컨설팅을 하면서 영업사원들이 기본적인 재무제표 및 관리 원가를 잘 모르고 관리를 하는 것을 안타깝게 생각을 하여 왔다. 이번에 마음을 먹고 반드시 영업사원들이 반드시 알아야 할 내용을 집필해야겠다고 마음을 먹었다. 따라서 이에 대한 지표 및 가이드를 본서에서 제시하고자 하였고, 영업사원은 최소한 리스크 관리를 위해서 위에서 언급한 6가지 정도는 체크하면서, 정성적 조사와 정량적 조사를 통해

거래처를 정상, 관찰, 요주의, 회수의문, 사고 등으로 구분하여 건전성 관리를 할 필요가 있다.

다음으로 판매를 하면서 손익을 관리 할 수 있어야 한다

관리회계를 알면 이익이 보인다. 판매도 중요하지만, 적정한 마진, 즉 수익성을 어느 정도 확보하고 거래를 해야 한다. 이를 관리하기 위해서는 공헌이익(률)을 계산하고 관리할 줄 알아야 한다. 다시 말해, 최소한 공헌이익(또는 한계이익)은 확보할 수 있어야 한다. 공헌이익도 확보 되지 아니하면 팔수록 적자가 발생한다. 따라서 영업사원은 공헌이익(률)을 계산 하고 관리할 수 있어야 한다. 공헌이익은 상품별(제품별), 거래선별, 지점별, 사업부별, 회사 전체적으로 관리할 수 있다. 공헌이익을 통해 이익을 어느 정도 실현할 수 있는가 가늠할 수 있다. 공헌이익 관리는 그리 어렵지 않다. 다만 공헌이익을 계산하기 위해서는 기본적인 원가 개념 및 구조에 대해서 이해를 해야 한다. 총원가를 조업도에 따른 분류, 즉 변동비와 고정비로 구분할 줄 알면 공헌이익 관리를 통해 판매전략을 다시 세울 수가 있고, 손익분기점(BEP)분석, 업적에 대한 평가, Leverage분석, 다양한 이익 개선 방법 등 경영 및 영업 전반에 대한 의사결정을 할 수 있다.

영업사원들이 거래처의 재무제표 및 관리원가에 대해서 쉽게 이해 할 수 있도록 대화식으로 집필하였다

본서는 영업사원들이 영업활동을 하면서 재무제표를 이해하고, 분석하여 거래처 리스크 관리에 활용할 수 있도록 하였고, 관리회계를 통하여 손익관리 기법에 활용하도록 하였다. 특히 재무제표와 원가 개념이 어렵다고들 해서, 이를 쉽게 이해가 되도록 질의 응답식으로 집필을 하였다.

본서에서는 가상의 등장인물인 사장님, 회계 팀의 이 대리, 현업의 실무자 영업팀장인 김 팀장을 비롯하여 영업실무자인 재철, 동민, 은경님의 4명과 함께 경영컨설팅으로 이 위원이 함께 참여를 한다. 이들은 거래처의 리스크 관리를 위한 재무제표와 손익관리를 위한 관리원가에 대한 이야기를 질의 응답식으로 풀어가는 재미는 흥미진진하다.

특히 저자가 이 위원 자격으로 참여를 하게 되는데, 실무에서 회계 및 원가, 기획, 전략, 영업, 채권관리, 사업소장, M&A 등 풍부한 실무 경험을 바탕으로 솔루션을 제공하고 있기 때문에 그 어디서도 잘 들을 수 없는 알짜배기 같은 핵심 내용들을 접하게 될 것이다. 아마도 여러분은 이 책을 읽고 나면 상당한 실력을 갖게 됨을 알게 될 것이다. 그리고 거래처 리스크 관리와 손익에 대한 다양한 기법을 터득해서 회사에 발전에 기여 할 것이라고 확신을 한다.

다음과 같이 내용을 구성하였다

제1장은 『기업의 성장동력은 매출이다』, 제2장은 『영업의 기본목표는 매출과 수금이다』, 제3장은 『재무제표의 기본 구조를 알다』, 제4장은 『재무제표를 알면 거래처가 보인다』, 제5장은 『건전성 관리를 위해 여신관리를 하자』, 6장은 『관리회계를 알면 손익관리를 할 수 있다』, 7장은 『매출채권에 대해서 리스크 관리를 하자』, 8장은 『대손요건과 증빙을 갖추어야 한다』 등에 대해여 기술하였다.

본서를 읽는 독자 여러분들은 흐름에 따라서 체계적으로 학습을 하신다면 거래처에 대한 재무적 관점에서 신용평가, 여신관리, 매출채권 관리 및 손익관리를 할 수 있을 것이다. 몇 번이고 반복해서 학습을 통하여 여러분의 산지식으로 만드시길 바란다. 저자는 기업현장에서 22년 실무경험과 한국표준협회, 삼일아카데미, 한국능률협회 및 한국능률협회컨설팅, 한국HRD교육센터, 중소기업연수원, 중소기업중앙회, 금융연수원, 씨에프오아카데미, 삼성전자, SK케미칼, 현대자동차, 현대모비스, LG화학, 롯데프드, 포스코DX, 한화,

LS일렉트릭, 현대중공업, 삼양사, 한일시멘트, BGF리테일, 효성 등 수많은 기업체 등에서 20년 이상 강의 및 경영컨설팅 활동을 하면서 영업사원들이 반드시 재무적 관점에서 거래선에 대한 신용평가, 여신관리, 재무제표분석, 신사업 타당성 검토, 경영사업계획 및 예산 편성, 매출채권 관리 방법과 손익관리 차원에서 검토하여야 할 내용에 대해 알아야 할 내용을 구체적으로 제시하고자 하였다.

아무쪼록 본서가 독자 여러분들께 많은 도움이 되길 바람과 동시에 일부 부족한 점은 추후에 보완 발전시켜 최고의 길잡이가 될 수 있도록 노력 하겠습니다. 본서가 나오기까지 고생을 아끼지 않으신 ○○○사장님과 직원 여러분들께 진심으로 감사의 마음을 전합니다.

2024년 6월

코아채권관리연구소에서

■ 머리말 / 3

제1장   기업의 성장동력은 매출이다 _ 15

　　　　매출을 성장시켜야 한다. _ 17
　　　　매출목표 달성의 1차 책임자는 영업부문에 종사하는 자이다. _ 19
　　　　ROI를 분석 하라. _ 20
　　　　1차로 매출이 부진하면 영업전략을 재검토 하여라. _ 22
　　　　2차로 마케팅전략을 재검토 한다. _ 22

제2장   영업의 기본목표는 매출과 수금이다 _ 25

　　　　목표이익이 목표매출보다 먼저다. _ 27
　　　　목표매출 수립방법을 이해한다. _ 29
　　　　영업사원은 수금을 완료하고, 판매 시 회계처리를 이해한다. _ 31
　　　　매출채권 비중관리를 한다. _ 35
　　　　외상매출금을 기간별로 분석 및 매출채권회전율 관리를 한다. _ 35
　　　　수금 목표관리를 한다. _ 40
　　　　매출채권 회수전략을 수립한다. _ 42

제3장 **재무제표의 기본 구조를 알다 _ 45**

영업회의를 갖다. _ 47
실적부진에 대한 원인을 파악하자! _ 50
회계부터 학습을 합시다. _ 52
재무상태표(B/S, Balance Sheet)구조를 이해하자. _ 60
손익계산서(I/S, Income Statement) 구조를 이해하자. _ 80
현금흐름표(C/F, Cash flow) 구조를 이해하자. _ 106

제4장 **재무제표를 분석하면 거래처가 보인다 _ 115**

리스크 관리를 위한 신용조사를 하다. _ 117
거래처에 대한 재무제표를 검색한다. _ 127
재무상태표(B/S)를 분석하자. _ 130
손익계산서(I/S)를 분석하자. _ 166
현금흐름표(C/S)를 분석하자. _ 176

제5장 **건전성 관리를 위해 여신관리를 하자 _ 181**

거래처에 대하여 리스크 관리를 해야 한다. _ 183
여신관리를 위해서는 신용조사가 기본이다. _ 187
여신관리를 통하여 영업정책에 활용한다. _ 193
매출채권 관리 현황을 주기적으로 모니터링 한다. _ 197

제6장 **관리회계를 알면 손익관리를 할 수 있다 _ 201**

원가의 기본 개념을 이해한다. _ 203
공헌이익(률) 관리를 하자. _ 207
손익분기점매출액을 검토한다. _ 212
공헌이익(률)관리로 효율적인 판매전략을 수립한다. _ 221
목표이익을 먼저 정하면 목표매출을 구할 수 있다. _ 225
판매단가를 인상 or 인하 시 고려할 요소는? _ 227
거래처의 공헌이익 견적원가계산서를 작성한다. _ 233
특별한 주문이 들어온 경우 의사결정의 기준은? _ 237
자가제조 또는 외주 시 판단 기준은? _ 241
적자 사업부를 유지 또는 폐지 할 것인가의 기준은? _ 244
이익 개선을 위한 다양한 방법이 있다. _ 247

제7장 **매출채권에 대해서 리스크 관리를 하자 _ 253**

매출채권회수의 중요성을 알다. _ 256
매출채권 관리 전반적인 흐름을 이해하자. _ 260
채무자가 채무불이행시 다양한 회수 방법이 있다. _ 269
매출채권의 소멸시효를 알다. _ 274
사업자등록증, 법인등기사항증명서를 볼 줄 알아야 한다. _ 279
부동산등기사항전부증명서를 볼 줄 알아야 한다. _ 284
물품공급계약서의 법적성질을 알아야 한다. _ 289
담보, 보증, 보험에는 어떠한 것이 있는지를 알자. _ 293

제8장 **대손요건과 증빙을 갖추어야 한다 _ 299**

대손의 개념을 알다. _ 301
대손충당금 설정 시 3가지 방법이 있다. _ 305
대손처리 시 대손요건을 갖추어야 한다. _ 308
대손처리 시 증빙을 갖추어야 한다. _ 313
대손세액공제를 받자. _ 316

제1장

기업의 성장동력은 매출이다

제1장

기업의 성장동력은 매출이다

매출을 성장시켜야 한다.

기업은 지속적으로 성장 발전하여야 한다. 경영자는 수많은 전략 중에서도 우선적으로 매출을 유지, 성장시킬 수 있도록 해야 한다. 매출을 성장시키기 위해서는 다양한 전략이 필요하다. 가령, 기존 제품을 가지고 기존시장에서 시장점유율을 확대시키는 『시장침투전략』을 수립한다든지, 기존제품을 가지고 새로운 시장으로 접근하는 『신시장개척전략』을 수립한다든지. 신제품을 가지고 기존시장에서 뛰어 드는 『신상품개발전략』을 수립하다든지, 신제품을 가시고 새로운 시장으로 접근하는 『다각화전략』을 수립해야 한다. 매출을 성장시키지 못하고 감소하면 이익이 줄어들 수밖에 없다. 특히 이익 중에서도 영업이익(또는 EBITDA=영업이익+감가상각비)이 중요하다.

왜냐 하면 영업이익으로 우선 금융기관에 이자를 변제하고, 그 다음으로 국가에 법인세를 납부하고, 투자자인 주주들에게 배당을 하고, 종업원들에게도 임금인상 및 복리후생을 증진시켜 주고, 협력업체들에게도 물가상승 시 구매단가를 인상시켜주고, 회사도 이익잉여금으로 확보하였다가 재투자를 할 수 있어야 한다.

정상적인 경영활동을 하려면 상기에서 언급한 활동들이 원만히 이루어져야 한다. 이렇게 하기 위해서는 최소한 이자보상배율(영업이익/이자비용)이 5배수 이상은 되어야 하나 적어도 3배수 이상만 되어도 다행이라고 생각한다. 참고로 우리나라의 2022년도 전산업 이자보상배율은 3.48배수이다.

따라서 매출을 통하여 영업이익을 창출하는 것은 대단히 중요하다. 또한 당기순이익이 저조하면 현금흐름이 부실해 진다. 현금흐름에는 영업활동으로 인한 현금유출입, 투자활동으로 인한 현금유출입, 재무활동으로 인한 현금유출입이 있다. 이와 같은 현금흐름 중에서도 영업활동으로 인한 현금흐름이 가장 중요하다고 본다. 즉 영업활동으로 인한 현금흐름이 양호하지 못하면 유동성 문제로 인하여 위기가 올 수 있기 때문이다.

영업활동으로 인한 현금흐름은 당기순손익(당기순이익 또는 당기순손실)에 현금의 지출이 없는 비용(예 감가상각비 등)은 가산하고, 현금의 수입이 없는 비용(예 사채상환이익 등)은 차감하고, 유동자산과 유동부채의 증감은 가감하여 계산을 한다.

따라서 영업활동으로 인한 현금흐름, 즉 유동성을 좋게 하기 위해서는 이익을 많이 내거나, 매출채권회수를 잘해야 한다.

영업활동으로 인한 현금흐름이 양호하지 못하면 비유동자산(토지, 건물 등)을 매각하여 자금을 조달하거나, 금융기관으로부터 자금을 조달해야 한다.

상황이 더욱 나빠지면 어떤 경우는 자율협약, 워크아웃에 들어가거나 또는 부도, 회생신청(법정관리), 파산, M&A 등을 진행하게 된다. 결국 이러한 문제가 발생되는 가장 근본적인 것은 매출이 저조하거나, 적자로 인해 발생한 것으로 보아야 한다.

매출목표 달성의 1차 책임자는 영업부문에 종사하는 자이다.

경영사업계획을 수립 시는 경영목표를 세우게 된다. 경영목표에는 기본목표와 방침목표가 있는데, 기본목표에는 다시 이익목표와 매출목표로 나누어 수립을 한다.

기본 목표수립은 경영자의 의지(Top down)와 영업부문의 실무자(Bottom up) 등에 의하여 수립할 수 있다. 물론 경영자와 영업부문 간에 협의에 의하여 조정할 수 도 있다.

이렇게 확정되어진 매출목표는 실행되고, 달성되어야 한다. 매출목표의 달성 1차 책임자는 영업부문에서 종사하는 자들이라고 생각한다. 모든 지원부서는 영업부문에서 매출을 달성할 수 있도록 지원을 아끼지 않아야 한다. 매출액은 수량 × 단가이다. 매출수량을 달성하기 위해서는 앞에서 언급하였던 시장침투전략, 신시장개척전략, 신상품개발전략, 다각화전략을 추진하고, 단가전략은 프리미엄가격전략, 이코노믹가격전략, Skimming가격전략, 침투가 격전략 등을 추진해야 한다.

또한 기존 사업에서 매출뿐만 아니라 신사업을 통하여 신규매출 도 항상 전략적으로 검토해야 한다. 신규 매출을 하기 위해서는 M&A, 생산 및 판매 제휴, 아웃소싱 등 다양한 판매 방안을 강구해 야 한다.

ROI를 분석 하라.

ROI 산식

ROI(총자본순이익률 = 순이익/총자본) = 총자본회전율 × 매출액순이익률
※ 총자본회전율 = 매출액/총자본, 매출액순이익률 = 순이익/매출액
※ 총자본은 자기자본과 부채를 말한다.
※ 1회전의 의미 = 총자본이 100억 원이라면 매출액이 100억 원이고, 3회전 이라면 매출액이 300억 원을 말한다.

ROI분석을 할 필요가 있다. 총자본순이익률(순이익/총자본)이라고 하는데 높을수록 좋다. 이 분석을 통하여 우리 회사의 문제가 어 디에 있는지 한눈에 알 수 있다.

ROI(총자본순이익률)는 기업의 총자본에서 당기순이익을 얼마나 올 렸는지를 가늠하는 지표로서 기업의 일정기간 순이익을 자본총액 으로 나누어 계산한 수치로, 특정기업이 자본을 얼마나 효율적으

로 운용했느냐를 나타낸 지표이다.

회계적인 측면에서 총자본은 부채와 자기자본의 합을 말하는데, 이는 개념적인 측면에서 보면 총자원이라고 볼 수 있다. 총자원은 기업이 보유하고 있는 인적자원, 물적자원, 재무적자원, 정보적자원 등을 말한다.

경영이란 이러한 총 자원을 적재적소에 배치하고 경영활동의 결과 하나는 총자본회전율로 나타나고, 다른 하나는 매출액순이익률로 나타난다. 이렇게 총자본회전율과 매출액순이익률을 곱한 것이 ROI, 즉 총자본순이익률로 나타난다.

총자본회전율은 제조회사라면 1회전, 서비스 및 유통업종이라면 3회전 이상은 되어야 한다고 볼 수 있다. 반드시 경쟁자와 비교를 한다. 참고로 2022년 한국은행 발표자료에 의하면 우리나라 ROI 는 2.82%이다.

이와 같은 ROI를 분석하여 회전율이 낮으면 영업활동에 문제가 있다고 보고 영업전략을 재검토해야 한다.

또한 매출액 순이익률도 높을수록 좋다. 따라서 ROI가 높을수록 좋고, 최소한 3% 이상은 돼야 하고 5%는 보통, 7%는 양호, 10% 이상이면 아주 좋다고 볼 수 있다.

만일 이익률이 저조하면 내실경영에 문제가 있다고 보고 원가절감, 비용절감 및 개선활동 등을 통하여 이익을 극대화 할 수 있는 전략을 수립해야 한다.

1차로 매출이 부진하면 영업전략을 재검토 하여라.

매출은 지속적으로 유지 또는 성장을 해야 한다. 하지만, 성장동력을 잃어 매출이 부진하면 그 원인은 무엇이고, 문제점은 무엇인지를 파악하여 만회 대책을 수립해야 한다.

매출이 부진하다면, 1차적으로 영업전략이 제대로 수립되어 시행되고 있는지를 체크하여 보라.

영업전략은 영업정책, 영업조직, 영업사원의 직무능력을 말한다. 이중 영업정책과 관련된 것은 상품전략(Product), 가격전략(Price), 유통전략(Palace), 촉진전략(Promotion)을 말하는 것으로 이를 확인하고, 문제가 있다면 다시 수정하여 전략을 재수립 한다.

또한 영업조직은 시장환경 및 마케팅전략에 따라 대응할 수 있도록 운영하는 것은 중요하다. 그리고 영업사원의 직무능력도 중요하다. 영업사원은 회사를 대표하여 최일선에서 성과를 만들어내는 사람들이다.

따라서 시장환경에 대한 산업환경, 3C(Customer, Competitor, Company), 상품의 Life cycle(도입기, 성장기, 성수기, 쇠퇴기)을 잘 이해하고 대응전략을 수립해야 한다.

2차로 마케팅전략을 재검토 한다.

앞에서 1차적으로 영업전략을 재검토하였는데도 실적이 나오지 않으면 2차적으로 마케팅전략을 재검토해야 한다.

마케팅전략을 STP전략이라고 하는데, 이는 시장세분화(Segmentation), 타케팅(Targeting), 포지셔닝(Positioning)을 말한다.

마케팅전략은 이외에도 경영전략과 신사업을 검토 시 수립한다.

이와 같이 기존 사업에 대하여 만회대책을 수립 시는 먼저 영업전략(영업정책, 영업조직, 영업사원 직무능력)을 재검토하고, 이후 마케팅전략(시장세분화, 타케팅, 포지셔닝)을 재검토한다.

하지만 신사업을 검토 시는 이와 반대로 마케팅전략을 먼저 검토하고 영업전략을 검토하는 것이 바람직하다.

제2장

영업의 기본목표는 매출과 수금이다

제2장

영업의 기본목표는 매출과 수금이다

목표이익이 목표매출보다 먼저다.

경영사업계획 수립 시 목표이익이 먼저냐 목표매출이 먼저냐, 여러분에게 물었다면 무엇이라고 대답할 수 있을까요?

저자가 교육 및 경영컨설팅을 진행하면서 수강자들에게 질의를 하여 보면 통상적으로 목표이익을 정하는 것보다 목표매출을 먼저 정하는 비율이 높은 것 같다고 볼 수 있다.

물론 목표매출부터 정할 수 있다. 특히, 신규사업에 대한 초기 단계에서는 목표이익보다 목표매출을 먼저 정하는 경우가 대부분이다.

이는 손익계산서구조를 보면 매출액(수익)에서 비용(원가)을 차감하고 손익(이익 또는 손실)을 구하는 구조로 되어 있기 때문이 아닌가 생각한다.

손익계산서 구조

```
Ⅰ. 매      출      액      100억
Ⅱ. 매   출   원   가      70억
Ⅲ. 매   출   총   이   익      30억
Ⅳ. 판   매   관   리   비      10억
Ⅴ. 영      업      이      익      20억
Ⅵ. 영   업   외   수   익      1억
Ⅶ. 영   업   외   비   용      2억
Ⅷ. 법인세비용차감전순이익      19억
Ⅸ. 법   인   세   비   용      3.6억(법인세율 19% 적용)
Ⅹ. 당   기   순   이   익      15.4억
```

※ 손익계산서란 일정기간 동안의 경영성적, 즉 영업성적을 나타내는 일람
  표이다.

하지만 경영사업계획 수립시 목표를 정할 때는 목표매출보다 목표이익을 먼저 정하는 것이 바람직하다고 보여진다.

목표이익을 먼저 정한 다음, 이를 달성하기 위하여 목표매출을 정한다. 그렇게 하여 목표매출에서 목표이익을 차감하면 비용이 산출 되는데 이를 허용비용이라고 한다. 허용비용을 예산이라고 한다.

허용비용에는 재료비, 노무비, 경비, 판매비 및 일반관리비, 이자비용 등이 있는데, 허용비용100% 내에서 예산을 편성하는 것이다.

목표매출 100억 – 목표이익 20억 = 허용비용 80억
※ 허용비용을 가지고 예산을 편성한다.

목표이익을 도출하는 방법에는 여러 가지가 있다. 가령 전년대비 ±3%, ±5%, ±10% 등 증감률이 있고, 그 외 ROI, ROE, EVA, 1인당 이익으로 정하기도 한다.

또한 목표이익을 영업이익으로 정할 것인가? 법인세비용차감전순이익으로 정할 것인가? 아니면 당기순이익으로 정할 것인가? 등으로 검토를 할 수 있다.

저자 생각으로는 영업적자가 나오거나 적정한 영업이익률이 나오지 않는다면 우선 영업이익(률)을 목표로 정하는 것이 바람직하다고 본다.

그러나 영업이익(률)이 충분히 나오면 법인세비용차감전순이익(세전이익)나 당기순이익으로 정하는 것이 바람직하다.

목표매출 수립방법을 이해한다.

목표이익이 도출되었다면 다음으로 목표매출을 정한다.

목표매출을 수립하기 위해서는 해당 산업의 시장을 전망하고 Market Size(시장의 크기)를 산정하여 목표매출을 수립한다.

목표매출은 앞에서 언급하였던 시장침투전략, 신시장개척전략, 신상품개발전략, 다각화전략을 추진하고, 단가전략은 프리미엄가격전략, 이코노믹가격전략, Skimming가격전략, 침투가격전략 등을 수립한다.

목표매출을 도출하는 방법에는 여러 가지가 있다. 가령 전년대비 ±10%, ±20%, ±30% 등 증감률이 있고, 그 외 1인당 매출액, M/S (Market Share), 손익분기점(BEP)으로 정하기도 한다.

이중 신규 사업을 검토 시는 목표매출을 M/S로 많이 정하기도 한다. 또한 목표이익을 먼저 정한 경우는, 이를 달성하기 위하여 손익분기점(BEP)을 활용하면 목표이익을 달성하기 위한 목표매출액을 쉽게 구할 수 있다.

손익분기점을 활용한 목표매출액을 산출하는 방법

① 목표매출수량 = (고정비 + 목표이익) / 단위당 공헌이익
② 목표매출액 = (고정비 + 목표이익) / 공헌이익률
※ 단위당 공헌이익 = 단위당 판매단가 − 단위당 변동비
　　단위당 공헌이익은 상품이 여러 개인 경우는 가중평균으로 산출한다.
※ 단위당 변동비 = 변동비 / 판매수량

영업사원은 수금을 완료하고, 판매 시 회계처리를 이해한다.

영업사원은 회사를 대표하여 거래처를 방문한다. 재화와 용역 및 서비스를 공급하기 위하여 협상을 하고, 계약을 체결하고 납품을 한다.

납품한 물품대금은 계약조건에 따라서 반드시 대금결제일에 수금을 완료해야 한다. 수금의 형태는 현금, 어음·수표, 전자채권, 구매자금 및 구매카드, 신용카드 등의 형태로 수금을 하게 된다. 수금을 하지 못하면 월말에 마감을 하게 되는데, 상인과 제조회사는 외상매출금 계정을 사용한다.

건설회사는 외상매출금 대신 공사미수금 계정을 사용한다. 물품대금은 채무이행일에 변제되어야 한다.

하지만 어음·수표로 수령하였다가 부도가 나면 사고채권이 된다. 또한 어떠한 방법으로도 회수가 아니되고 장기, 악성, 사고가 발생되면 부실채권으로 남게 된다.

영업사원은 매출채권이 부실채권으로 남지 않도록 최선을 다해서 회수를 헤야 한다. 부실채권이 발생하면 이를 회수하기 위해서는 많은 시간과 비용이 추가로 발생한다.

기업은 아무리 많이 판매를 해도 정상적으로 대금회수가 이루어지지 않는다면 흑자도산을 면치 못할 것이다. 다시 말해 부실채권으로 남는다면 어려움에 처할 수밖에 없다.

따라서 안정된 판매신장과 대금의 효과적인 회수를 위하여 부실채권 발생을 사전에 철저히 예방하고 판매대금을 회수될 때까지 지속적으로 관리해야 한다.

특히, 매출채권을 관리하는 자세, 채권관리마인드는 부실채권 발생 전에 리스크가 발생하지 않도록 관리하는 것이다. 판매자는 재화와 용역을 공급하면서 거래처에 대해 문제가 발생하기 전에 적절한 회수 방안을 갖고 있어야 한다.

다시 말해, 매출채권에 대해서 회수의 중요성을 갖고 관리를 해야 한다.

이를 위해서는 효율성 있게 관리를 해야 하는데, 매출액의 증감률과 매출채권의 증감률을 비교하고, 또한 매출액 대비 매출채권에 대한 비중관리를 해야 한다. 그리고 매출채권 회전율 관리와 중점관리대장을 만들어서 주기적으로 확인을 한다. 이렇게 관리하면 매출채권 관리의 큰 흐름상 문제점이 있는지, 없는지를 알 수 있다.

문제가 있다고 판단되면 이에 대한 원인을 찾을 수 있고, 회수 대책을 강구하기가 수월해 진다. 회수대책 방안으로는 채권관리팀을 운영한다든지, 매출채권감축캠페인을 실시한다든지, 채권회수 T.F.T를 운영한다든지, 수금 목표관리를 할 수 있다.

그러나 문제점이 있음에도 불구하고 이를 간과하고 판매에만 관심을 갖다 보면, 지나칠 정도의 과잉여신을 제공하여 문제가 될 수 있다.

또한 영업사원들은 물품을 공급하면서 판매 또는 회수 시에 회계

처리가 어떻게 이루어지는지 상식적으로 이해를 할 필요가 있다.

그래야 리스크 관리를 효율적으로 할 수 있다.

판매 또는 회수 시의 회계처는 다음과 같이 한다.

회계 처리

① 1/31 상품 1,000,000을 외상으로 판매하다.

　　　　차변) 외상매출금 1,100,000　　대변) 매　　출 1,000,000

　　　　　　　　　　　　　　　　　　　　　　부가가치세예수금 100,000

② 2/28 외상대금을 약속어음(3개월)으로 수령하다.

　　　　차변) 받을어음 1,100,000　　　대변) 외상매출금 1,100,000

③ 5/31 약속어음이 정상 결제되었다.

　　　　차변) 현　　금 1,100,000　　　대변) 받을어음 1,100,000

④ 5/31 약속어음이 부도처리 되었다.

　　　　차변) 부도어음 1,100,000　　　대변) 받을어음 1,100,000

* 매출채권은 외상매출금과 받을어음을 말한다.
* 실무상으로 외상매출금과 미수금에 대하여 혼용하여 사용하고 있는데 차이는 다음과 같다.
　① 외상매출금 : 주(主) 상품, 제품을 외상으로 판매한 것을 말한다(예) 자동차 회사가 자동차를 외상으로 판매한 경우이다).
　② 미수금 : 주(主) 상품, 제품 이외의 것을 외상으로 판매한 것을 말한다(예) 자동차 회사가 토지, 비품, 기계장치 등을 매각한 경우이다).

회계적으로 매출채권(외상매출금과 받을어음)은 유동자산의 당좌자산

으로 처리하고 부도어음은 비유동자산의 기타자산으로 처리한다.

만일, 판매자가 외상으로 판매하게 되면 차변(왼쪽)에 외상매출금

(공급가액과 부가가치세 포함) 계정과목으로 처리를 하고, 대변(우측)에는 매출액인 공급가액과 부가가치세 10%를 나누어서 표기한다.

또한 판매대금을 회수 하면서 약속어음, 환어음, 전자어음으로 회수를 하는 경우가 있는데, 이 경우는 차변(왼쪽)에 외상매출금 대신 받을어음으로 회계 상 처리를 한다.

만일 회수한 받을어음이 정상적으로 결제가 되면 현금화가 되는 것이지만, 부도처리가 되면 부도어음 계정으로 회계 상 처리를 한다.

부가가치세는 최종소비자인 구매자가 부담하는 것이지만, 판매자가 판매 시 이를 회수하였다가 부가가치세 신고일에 매출세액에서 매입세액을 공제하여 매출세액이 많으면 납부를 하고, 이와 반대로 매입세액이 매출세액보다 많으면 환급을 받게 된다.

그러나 만일, 부가가치세는 판매자가 납부를 하였는데, 판매대금을 회수하지 못하고 대손처리를 했다면, 후일에 대손요건과 증빙을 갖추어서 대손세액공제를 받을 수 있다.

부가가치세 신고일

① 납부시 : 매출세액 10,000원 - 매입세액 9,000원 = 납부 1,000원
② 환급시 : 매출세액 9,000원 - 매입세액 10,000원 = 환급 1,000원

※ 부가가치세란 거래시 발생하는 거래금액의 10%를 말한다.
※ 부가가치세 신고일 : 확정신고일 1.25일, 7.25일
※ 부가가치세 신고일 : 예정신고일 4.25일, 10.25일
※ 대손요건 : 법인세법 시행령 19조 2항 참조

매출채권 비중관리를 한다.

매출채권은 매출액 대비 비중관리를 해야 한다. 매출채권의 비중은 월말, 분기말, 연말 등 기준으로 10~15% 이내로 관리를 해야 한다. 그래야 유동성 문제가 없다고 볼 수 있다.

참고로 2022년 한국은행 발표자료에 의하면 우리나라 전 산업의 매출채권 비중은 10.09%이다. 대기업은 9.44%, 중견기업은 12.38%, 중소기업은 11.2%이다.

하지만 많은 기업이 그 이상으로 나타나고 있다. 만일 매출채권 비중이 15%이상으로 갖고 있게 되면 유동성 문제가 발생할 수 있다고 볼 수 있다. 따라서 매출채권 비중을 줄이는 노력을 강구해야 한다.

매출채권은 외상매출금과 받을어음이기 때문에 이는 다시 현금화해야 한다. 만일 회수를 하지 못하고 부실채권 또는 사고채권이 되어 대손처리를 한다면, 회사에서 용인할 수 있는 비중이 최소 1~2% 내에서 해야지, 그 이상으로 대손처리를 한다면 관리상의 문제가 있다고 판단된다. 따라서 다양한 회수대책을 구체적으로 마련해야 한다.

외상매출금을 기간별로 분석 및 매출채권회전율 관리를 한다.

외상매출금은 기간별로 나누어서 관리를 하고 또한 매출채권회전율(기간)을 주기적으로 체크하면서 관리를 해야 한다.

이와 같이 관리를 하다보면 기간별로 현황관리가 가능하고 또한 어느 기간에서 문제점이 있는지를 발견하여 좀 더 구체적인 회수 전략을 세울 수 있다.

가령 3개월 이상 부실채권의 비중이 높다고 하면 이 중 악성채권에 대해서는 거래를 중단하고 협상을 통하여 회수대책을 강구하거나 법적조치를 강화할 필요성이 있다.

외상매출금 기간별 현황

(20xx. x. x)   (단위 : 천원)

구 분	전 년		금 년		증 감	
	금액	구성비	금액	구성비	금액	증감율
부도채권						
3년 초과						
2년 초과						
1년 초과						
6개월 초과						
3개월 초과						
3개월 이하						
합 계						

※ 외상매출금은 미회수 금액을 말한다.

따라서 전체 외상매출금 중에서 3개월 이하 채권이 80%이상이 되어야 한다. 그래야 유동성 문제가 발생하지 않는다. 80%미만이 된다는 것은 장기. 악성채권이 많다는 것이다.

또한 매출채권회전율(기간)을 주기적으로 관리를 해야 하는데, 매출채권회전율은 판매시점부터 현금화시점까지 회전율을 나타내는 것으로 회전율을 계산하면 회전기간을 알 수 있다. 매출채권회전율은(매출액/평균매출채권) 업종에 따라 다소 차이는 있지만 최소한 7회전 이상이 되어야 양호하다. 365일을 7회전으로 나누어 주면 52일의 회전기간을 알 수 있다. 즉 판매시점부터 현금화되는 시점까지 52일 소요된다는 것을 알 수 있다.

참고로 2022년 우리나라 매출채권회전율은 7.88이다. 회전기간은 365/7.88=46일임을 알 수 있다. 2021년도 매출채권회전율은 7.62, 2020년 매출채권회전율은 6.99로 2022년에 다소 매출채권회전율이 좋아졌다고 볼 수 있다.

매출채권 회전율(기간)

매출채권회전율 = 매출액(부가세 포함) / 평균매출채권
평균매출채권=[(기초외상매출금 + 기말외상매출금) + (기초받을어음 + 기말받을어음)] / 2
매출채권회전기간 = 365 / 매출채권회전율
※ 매출채권회전율(기간)이란 판매해서 현금화되기까지 회전율(기간)을 말한다.

매출채권회전율을 계산 시 받을어음에는 배서어음과 할인어음이 있을 경우는 포함해야 한다. 이는 어음이 부도나면 변제해야 하는

우발채무 성격이 있기 때문이다.

또한 매출채권에는 부가세가 포함되어 있지만 매출액에는 부가세가 포함되어 있지 아니하기 때문에 부가세 10%만큼 매출액에 가산하여 계산해야 한다.

매출채권회전율(기간)을 계산하면 반드시 전년대비, 동종업계 대비, 경쟁사와 대비를 할 필요가 있으며, 우리 회사가 잘 관리하고 있는지를 체크할 필요가 있다.

따라서 매출채권 관리에 문제가 있다면 매출채권을 효율적으로 관리를 하기 위해서는 여신관리팀 또는 채권관리팀을 운영하든지, 매출채권감축캠페인을 실시하든지, 매출채권회수 T.F.T를 운영하든지, 수금정책을 실시하여 개선될 수 있도록 관리를 해야 한다. 이와 동시에 매입채무회전율을 함께 관리하면서 유동성 문제가 발생하지 않도록 할 필요가 있다. 매입채무회전율은 원부자재 대금이 어느 정도의 속도로 결제되고 있는가를 나타내는 지표로 사용된다.

매입채무회전율이 낮게 나오면 유동성 측면에서 좋다고 보고 이와 반대로 높게 나오면 좋지 않다.

매입채무회전율을 관리하는 것은 원부자재를 구매하고 대금결제를 관리하는 것인데, 대금결제를 늦추면 매입채무회전율은 줄어들어 유동성이 좋아진다. 이와 반대로 대금결제를 빨리해 주면 매입채무회전율은 늘어나 유동성은 좋지 않게 된다.

그렇다고 유동성을 좋게 하기 위해서 대금 결제를 늦게 하여 주는 것은 바람직하지 않다. 회사의 자금 상황에 따라서 탄력적으로 운영을 해야 한다고 본다.

매입채무회전율(기간) 관리는 매출채권회전율(기간)과 더불어 경영관리 상 아주 중요하다고 본다. 반드시 계산을 하여 유동성 문제가 발생하지 않도록 잘 관리하시길 바란다.

참고로 2022년 한국은행 발표자료에 의하면 우리나라 매입채무회전율은 11.97이다. 회전기간은 365/11.97=30일임을 알 수 있다. 2021년도 매입채무회전율은 13.77, 2020년 매입채무회전율은 12.93로 2022년도는 2021과 비슷하게 결제를 하고 있음을 알 수 있다.

다만, 2022년의 매출채권회전기간(46일)과 매입채무회전기간(30일) 비교를 해보면 16일정도 원자재대금을 빨리 결제를 하여 주고 있음을 알 수 있다. 이는 유동성 문제로 나타난다고 보기 때문에 개선이 요구된다고 볼 수 있다.

매입채무 회전율(기간)

> 매입채무회전율 = 매출원가 / 평균매입채무
> 평균매입채무 = [(기초외상매입금 + 기말외상매입금) + (기초지급어음 + 기말지급어음)] / 2
> 매입채무회전기간 = 365/매입채무회전율
> ※ 매입채무회전율(기간)은 원자재대금을 현금으로 결제하기까지 회전율(기간)을 말한다.

수금 목표관리를 한다.

영업사원은 판매를 하는 것만이 전부가 아니다. 판매를 하였으면 반드시 대금 회수를 마무리 지어야 한다. 안타깝게도 판매를 하면 할 일을 다했다고 생각하는 일부 영업사원이 있다. 이는 잘못된 인식이다. 따라서 물품을 인도하는 것은 현금을 인도하는 것이라고 생각을 하고 관리를 해야 한다.

판매대금은 원칙적으로 계약서상 결제조건에 따라 수금이 이루어져야 한다. 그러나 판매대금에 대하여 회수노력을 기울이지 않으면 비정상적인 거래처는 차일피일 대금 지급을 미루는 경향이 있다. 특히, 심리적으로 채권자가 채무자에게 약속 기일에 맞추어 회수 활동을 소홀히 하면 변제를 늦추어도 되는구나 하는 생각을 갖게 할 수 있다. 따라서 약속일에 맞추어 청구하는 것이 무엇보다 중요하다.

매월 수금 목표를 정하고 관리를 하는 것은 중요하다. 영업사원들이 수금 목표를 정하고 활동하는 것하고 수금 목표를 정하지 않고 활동하는 것은 리스크 관리 면에서 차이가 많다.

따라서 매월 초에 전월실적을 마감하고 이를 바탕으로 당월 수금 계획을 수립한다.

수금 목표는 회사에 따라 달리 적용하겠지만 아래의 예를 참고로 활용하는 것도 바람직하다.

수금 목표(예시)

(단위 : 백만, %)

구 분	부도 채권	1년 초과	6개월 초과	3개월 초과	전전전월 (3月前) 외상 매출금	전전월 (2月前) 외상 매출금	전월 (1月前) 외상 매출금	당월 수금 목표	당월 수금 실적	달성율
외상 매출금	200	400	600	800	1,000	2,000	3,000			
적용(%)	40%	50%	60%	70%	80%	90%	100%	6,800	6,000	88%
목표 환산액	80	200	360	560	800	1,800	3,000			

※ 수금 목표는 매월 수립한다.

위 표에서 보듯이 수금 목표를 설정할 경우 예를 들면, 당월기준으로 현재 회수 못하고 있는 부도채권에 대하여 40%, 1년 초과 외상매출금에 대하여 50%, 6개월 초과 외상매출금에 대하여 60%, 3개월 초과 외상매출금에 대하여 70%, 3개월 전에 발생한 외상매출금에 대하여 80%, 2개월 전에 발생한 외상매출금에 대하여 90%, 1개월 전에 발생한 외상매출금에 대하여 100%를 환산한 각각의 합을 수금목표로 수립한다.

이렇게 정하는 이유는 오래된 채권일수록 최근 판매한 것보다 회수가 수월하지 않다. 따라서 목표율을 최근 매출액에는 높이 부여하고 오랜 된 채권에는 다소 낮게 부여하는 것이다.

그렇다고 부도채권이나 오래된 6개월 이상 채권을 목표에서 제외시키면 수금 활동에 관심을 갖지 않을 수 있기 때문에 포함시키는 것이 바람직하다.

수금 목표율은 회사에 따라 달리 정할 수 있다. 좀 더 목표를 높이려면 적용률을 높이면 된다. 또한 매출채권 감축캠페인을 시행하거나 채권회수 T.F.T를 병행하여 운영하는 것도 좋은 방법이다. 그리고 수금목표관리를 하면 반드시 실적 달성에 대한 포상을 하는 것이 바람직하다고 본다.

매출채권 회수전략을 수립한다.

매출채권을 회수하는 것은 아주 중요하다. 매출채권이 늘어나거나 회수를 하지 못하면 경영활동에 유동성 문제가 발생할 수 있기 때문이다.

따라서 부실채권이 발생하면 적극적으로 매출채권 회수 전략을 강구해야 한다. 회사차원에서 구체적인 방법으로는 앞에서 언급한 채권관리팀이 없는 조직은 전담팀을 마련하여 집중적으로 관리할 수 있도록 하고, 또한 매출채권감축캠페인을 시행하거나 매출채권 회수 T.F.T를 운영하거나 수금목표 관리를 하면 좋다.

그리고 영업사원들은 부실채권이 발생하면 기본적인 회수 절차에 대해서 이해를 할 필요가 있다. 그 누구보다도 영업 최일선에서 거래처를 잘 이해하고 있기 때문에 거래처가 불가피한 상황에 놓여 있을 때에는 즉시 채권보전을 위한 채권양도, 근저당권 등 담보를 요구하거나 채권보전을 위한 가압류를 하고 집행권원을 획득하여 강제집행 등을 진행할 수 있도록 해야 한다.

따라서 영업사원들에게 매출채권관리에 대한 전반적인 프로세스에 대해서 이해를 할 수 있도록 하고, 부동산 및 채권과 동산 등의 재산을 파악하는 방법을 읽히게 하고, 계약관리 및 담보관리와 부실채권이 발생한 경우 채권보전 및 집행권원, 강제집행 등을 이해하여 다양한 추적기법 등을 실행할 수 있도록 반복적인 교육이 필요하다고 본다.

제3장

재무제표의 기본 구조를 알다

제3장

재무제표의 기본구조를 알다

영업회의를 갖다.

㈜백두산업은 10년 동안에 비교적 안정적 판매와 이익을 실현하여 왔다. 그러나 금년에는 경기불황과 원자재상승, 인건비 상승, 금리 인상 등으로 매출도 둔화되고 이익도 현저히 감소하고 있다. 특히 금년 경영실적을 분석한 결과 전년대비 매출은 10% 감소하였는데, 매출채권은 20% 증가하였고, 영업이익 3%와 당기순이익은 1%로 나타나고 있는 실정이다.

또한 금년에 3억 원이 부도가 발생되어 회수가 불가능한 상황이 되었다.

이러한 상황이 발생되자 사장님은 김 팀장을 불렀다.

사 장 : 이 봐 김 팀장, 영업실적이 왜 이리 저조 한가?
          원인이 무엇인가?

사장님은 실적부진과 영업관리가 허술한 것 같은데, 그 이유가 무엇인가에 대하여 김 팀장을 불러서 묻고 있었다.

사　장 : 다음 달에 영업전략 회의를 합시다. 영업실적이 여러 면에서 부진합니다. 이에 대한 부진사유가 무엇인지, 원인을 찾고 문제점은 무엇인지, 향후 개선대책을 강구하기 바랍니다. 다시 말해, 영업활성화 방안에는 어떠한 것이 있고, 이익을 개선하기 위해서는 어떠한 대책이 있는지 방법을 찾아 주시기 바랍니다.

　　　　또한 매출채권이 지속적으로 증가하고 있는 추세에 있는데, 이는 유동성 문제에 심각한 영향을 미치고 있습니다. 따라서 효율적인 매출채권 관리방안에 대하여 연구하고, 부실채권 회수 전략에 대해서도 대책을 마련하여 주시기 바랍니다.

사장님은 김 팀장을 불러 놓고 금년 실적에 대한 질책을 하시면서 부진사유에 대한 원인분석과 종합적으로 대책을 마련하시라는 말씀이 있었다.

김 팀장 : 예. 알겠습니다.

김 팀장은 사장님으로부터 금년 실적이 부진한 것에 대한 심한 질책을 들었다.

힘이 쭉 빠지는 기분이었다.

사무실로 돌아온 김 팀장은 팀원들을 회의실로 불러 모아 놓고 회의를 진행하기로 하였다.

회의실에 입사 3년차인 김재철, 입사 2년차인 박동민, 입사 1년 차인 이은경 씨가 참석하였다.

김 팀장 : 여러분 오늘 사장님께서 금년 영업 실적 부진과 관련하여 원인파악 및 개선방안에 대하여 다각도로 종합적인 대책을 마련하여 다음 달 영업전략 회의에서 보고 하시라는 말씀이 있었습니다.

　　　　　지난번까지는 제가 보고서를 직접 작성하였습니다만, 이번부터는 여러분과 함께 작성하고자 합니다.

　　　　　물론 전반적인 것은 저와 함께 고민하고 참여해서 전략방안을 찾도록 하겠습니다.

재　철 : 예, 알겠습니다. 최대한 빨리 검토해야겠네요.

동　민 : 저도 일정 부분을 검토 하겠습니다.

은　경 : 저도 최선을 다하도록 하겠습니다.

팀원들은 어떻게 보고서를 작성해야 할지 고민이 이만저만이 아니었다. 그동안 실적보고서는 김 팀장이 주로 직접 작성하여 보고를 해 왔기 때문이다.

팀원들은 지금까지 현장 위주의 영업활동을 수행해 왔기 때문에 갑자기 실적을 분석하고 원인을 파악하여 종합적인 대안을 마련하는데 익숙하지 않았다.

김 팀장 : 김재철 씨 우리 팀에서 가장 다년간 근무하여 왔기 때문에 아무래도 재철 씨가 주관이 되어 보고서를 작성하였으면 해요.
재 철 : 예. 박동민 씨와 이은경 씨와 함께 협의하여 작성해 보도록 하겠습니다. 하지만 부족한 점은 팀장님께서 도움과 지침을 주셨으면 합니다.
김 팀장 : 오케이. 그렇게 하겠습니다.

김재철 씨는 김 팀장의 지시를 받기는 하였지만 난감한 점이 많았다. 아무튼 원인파악 및 문제점, 개선대책을 강구하여 보기로 함께 마음을 굳게 먹었다.

실적부진에 대한 원인을 파악하자!

김 팀장은 영업실적 및 손익실적에 대한 원인을 정성적과 정량적으로 나누어서 분석을 할 것을 주문하였다.
김재철 씨는 계획대비, 전년대비, 동종업계대비, 산업별대비 등 실적에 대한 원인부터 파악을 해야겠다고 생각을 하였다. 판매 부진 사유는 무엇일까, 영업이익에 대한 부진은 무엇일까, 매출채권에 대한 회수 부진은 무엇이 문제일까, 거래선의 부실채권에 대한 회수 방안은 어떻게 해야 할까, 거래선에 대한 신용평가는 어떻게 해야 할까, 이익개선점을 어떻게 찾아야 할까 등을 고민하기 시작하면서 머리가 지근거리기 시작하였다.

재철 씨와 동민 씨 은경씨는 서로 머리를 맞대고 고민하기 시작하였다. 우리, 실적 부진에 대한 근본적은 원인을 함께 찾아봅시다.

은 경 : 제가 매월 영업실적 자료를 관리하고 있기 때문에 이에 대한 분석을 하여 보면 어떨까요?

동 민 : 저도 함께 도와드리겠습니다.

재 철 : 아닙니다. 은경 씨와 동민 씨가 하려고 하는 자료만으로는 일정부분에 대한 문제점과 원인파악이 가능하겠지만 근본적인 원인파악 및 문제점을 찾기가 쉽지 않을 것 같아요. 따라서 우리 이번에 근본적인 해법을 찾기로 해요. 근본적인 해법을 찾으려면 아무래도 재무회계 및 원가관리회계에 대한 이해가 필요 할 것으로 보입니다. 저도 그동안 항상 영업활동을 하면서 재무회계와 원가관리회계를 알면 좋겠다고 생각을 했어요.

따라서 재무제표를 이해하고, 원가관리회계 분석을 하면 부진원인과 문제점을 쉽게 찾을 수 있을 것 같아요.

우리 이번 계기로 재무회계와 원가관리회계를 학습하면서 팀장님이 말씀하신 부진 사유 및 대책에 대하여 종합적으로 마련하기로 합시다.

우리 영업사원들이 재무회계와 원가관리회계에 대하여 전체적으로 학습하기는 부담이 되겠지만 최소한 이것만이라도 알고 관리 하면 좋겠다하는 부분정도만 학습을 하는 게 좋겠다고 생각을 하는데 여러분은 어떻게 생각을 하세요.

동　민 : 좋아요. 저도 관심이 많아요.

은　경 : 저도요.

재　철 : 좋습니다. 뜻을 모았으니. 공부하면서 보고서 준비를 하기로 합시다.

이러한 원인 파악을 하기 위해서는 재무제표를 제대로 볼 수 있어야 하는데, 재무회계 및 원가관리회계에 대한 지식이 없었기 때문에 큰 고민이 이만저만이 아니었다.

다른 방법이 없었다. 회계 팀에 있는 이진규 대리에게 부탁을 하여 수시로 우리 팀에 초빙을 해서 학습하기로 하였다.

회계부터 학습을 합시다.

재　철 : 안녕하세요. 이진규 대리님. 아! 저!

이번에 사장님께서 영업실적 및 손익실적의 부진에 대해서 원인파악과 문제점, 만회대책 등에 관하여 종합 대책 보고서를 작성하시라는 말씀이 있는데, 이 대리님의 도움이 아주 필요해서 찾아 왔어요.

우리 영업팀에 시간을 내어 주셔서 재무제표 보는 법에 대해서 교육을 하여 주셨으면 합니다. 물론 저희 팀 예산으로 책정되어 있는 사내강사 기준으로 소정의 강의료를 지급하여 드리겠습니다.

이 대리 : 아! 바쁜데. 아니 알았어요. 회사 일인데, 해드리겠습니다. 내일부터 회의실에서 뵈어요.

재 철 : 감사합니다.

회의실에는 재철 씨, 동민 씨, 은경 씨가 함께 기다리고 있었다. 약속시간에 이대리가 나타났다.

이 대리 : 안녕하세요. 오늘부터 재무제표 학습을 함께 합시다. 제가 알고 있는 지식을 최대한 전달해 드리도록 하겠습니다.

동 민 : 예 감사합니다. 저희는 재무제표를 잘 몰라요. 그런데 업무를 하다 보면 많이 필요하더라고요.

은 경 : 이 대리님 천천히. 차근차근 그리고 쉽게 자세히 가르쳐 주세요.

재 철 : 이 대리님은 많이 바쁘신데, 특별히 우리 영업팀을 위해 시간을 만들어 주신 만큼 우리 열심히 공부합시다.

이렇게 하여 재무제표에 대하여 공부를 하기로 하였다.

재　철 : 이 대리님 우선 회계에 대한 개념부터 가르쳐 주세요.

　　　　회계가 무슨 말인지 개념부터 설명을 해 주셨으면 합니다.

이 대리 : 알겠습니다. 회계는 기업의 언어라고 합니다.

　　　　여러분이 회계와 원가를 이해하면 업무에 많은 도움이

　　　　되실 거여요.

　　　　재철 씨는 학교에서 어느 과목을 전공 하셨나요?

재　철 : 예. 저는 정치학을 전공하였습니다.

이 대리 : 동민 씨는 무엇을 전공하였나요?

동　민 : 예. 저는 기계공학을 전공하였습니다.

이 대리 : 은경 씨는 무엇을 전공하였나요?

은　경 : 예. 영문학을 전공하였습니다.

이 대리 : 여러분 모두들 학교에서 회계학을 학습하신 적이 없군요.

　　　　좋습니다. 회사에 입사하여 실무 업무를 하면서 배우시

　　　　면 됩니다.

　　　　회계와 원가는 전공을 하였던, 하지 아니하였든 간에 학

　　　　습을 꾸준히 해 주셔야 합니다. 회계와 원가를 알면 다

　　　　양한 분석을 통해 개선대책을 강구할 수 있습니다.

　　　　특히 관리자가 되려면 회계와 원가를 알고 이해하는 것

　　　　은 필수적이라고 생각을 합니다.

재　철 : 예 알겠습니다.

　　　　이 대리님 회계가 무엇인가요.

이 대리 : 아. 제가 조금 말이 많았습니다.

　　　　 회계란 '기업에서 발생한 경제적사건을 기록하고, 측정하여, 외부 및 내부이해관계자들에게 합리적으로 의사결정을 하도록 정보를 전달하는 과정이다'라고 말할 수 있습니다.

은　경 : 경제적 사건이 무슨 뜻이지요.

이 대리 : 예. 경제적 사건은 회계 관점에서는 거래라고 합니다. 거래라면 자산, 부채, 자본의 증감에 변화를 일으키는 것을 말합니다.

　　　　 기업에서 발생하는 사건들은 대부분 영리 목적을 위하여 행하여지기 때문에 경제적 사건들입니다. 우리는 이러한 경제적 사건들을 거래라고 합니다. 이러한 거래행위는 자산의 증감, 부채의 증감, 자본의 증감, 비용의 발생과 수익의 발생을 일으키게 되는데, 이것을 거래의 8요소라고 합니다. 그러나 약속을 한다든지, 거래선과 계약만을 한다든지, 담보를 제공한 것은 경영활동 및 영업활동이기는 하나 거래의 자산, 부채, 자본의 증감 요소가 발생하지 아니하였기 때문에 거래라고 보지는 않습니다.

　　　　 거래는 자산, 부채, 자본의 증감을 일으키는 거래를 교환거래라 하고, 비용과 수익의 발생이 되는 거래를 손익거래라고 하고, 교환거래와 손익거래를 동시에 발생하는 거래를 혼합거래라고 합니다.

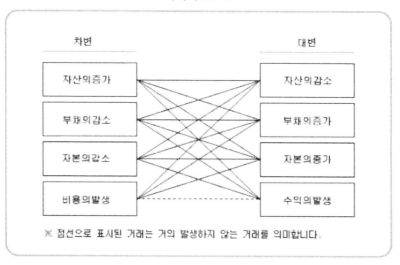

거래의 8요소

차변	대변
자산의증가	자산의감소
부채의감소	부채의증가
자본의감소	자본의증가
비용의발생	수익의발생

※ 점선으로 표시된 거래는 거의 발생하지 않는 거래를 의미합니다.

동 민 : 예, 그렇군요.

그럼 우리가 영업을 통하여 판매하고 수금하는 행위는 거래라고 할 수 있나요?

이 대리 : 예. 바로 맞습니다. 역시 여러분은 이해가 빠르군요.

다만, 영업행위 중 계약행위라든지, 담보설정을 하는 행위는 영업상 활동이기는 하나 자산, 부채, 자본의 증감이 없기 때문에 회계상 거래는 아닙니다. 그런데 질문 한 가지 할게요.

여러분이 판매한 대금을 회수해야 하는데 회수하지 못하면 미수금이라고 하던 데, 이 말은 맞을까요? 틀릴까요? 한번 맞추어 보세요.

은 경 : 제가 말씀드리겠습니다.

당연히 맞는 말입니다. 물품을 판매하고 못 받았으니까 미수금이 맞는 말 아닌가요?

이 대리 : 하하. 그럴 것 같지요. 그런데 그렇지 않습니다. 많은 분들이 혼동을 하고 계시더라고요. 회계 계정과목에 "외상매출금"과 "미수금"이라는 용어가 있습니다. 우선 정답은 미수금이 아니라 "외상매출금"입니다.

"외상매출금"은 상인이 영업활동상 거래선의 재화와 용역을 공급하고 대금을 회수하지 못할 때 쓰는 계정입니다. "미수금"은 영업활동 이외의 거래에서 발생 시 사용하는 용어입니다. 가령 예를 들어서 자동차 회사의 주력 제품(상품)은 자동차입니다. 만일, 자동차를 판매하고 대금을 못 받았다면 외상매출금이나, 자동차 회사에서 토지를 매각하고 못 받은 경우는 미수금으로 처리를 합니다. 따라서 실무적으로 외상매출금과 미수금을 모두 미수금으로 얘기하는 경우가 있는데, 이는 잘못 된 것입니다. 그런데 상인이 사용하고 있는 외상매출금을 업종에 따라서 달리 사용합니다.

예를 들면 건설회사는 공사대금을 못 받은 경우는 "공사미수금" 이라는 용어를 사용하고, 금융기관은 대출을 하고 못 받은 경우는 대여금으로 사용하고 있습니다.

동 민 : 아 그렇군요.

항상 헷갈리었는데, 이제는 정확히 알았어요.

이 대리 : 하나 더 물어볼게요. 매출채권이란 무엇인가요?

재　철 : 외상매출금과 받을어음 입니다.

이 대리 : 맞습니다.

은　경 : 외상매출금은 잘 알겠는데, 받을어음은 언제 사용하는가
　　　　요?

이 대리 : 법률상 어음에는 약속어음과 환어음이 있어요. 이러한
　　　　법률상 어음을 거래조건으로 판매자가 거래처로부터 받
　　　　게 되면 "받을어음"으로 처리하고 매입자는 어음을 발
　　　　행하여 지급하게 되면 발행자 또는 지급자의 입장에서
　　　　는 "지급어음"으로 처리합니다. "받을어음"은 자산으로
　　　　처리하고 "지급어음"은 부채로 처리하고 있습니다.

　　　　이와 같이 외상매출금과 받을어음을 합쳐서 매출채권이
　　　　라고 하고, 이와는 반대로 외상매입금과 지급어음을 매
　　　　입채무라고 합니다.

　　　　예를 들어 회계처리를 하여 보겠습니다.

1.20 甲은 乙에게 상품 1,000,000을 판매하고 익월말 어음 3개월로 받기로
하다.

(甲)의 회계처리

1.20　차) 외상매출금　1,100,000　　대) 매　　　출　1,000,000
　　　　　　　　　　　　　　　　　　　　　부가가치세예수금　100,000

(乙)의 회계처리

1.20　차) 매　　　입　1,000,000　　대) 외상매입금　1,100,000
　　　　　부가가치세대급금　100,000

2.28 甲은 乙로부터 위 상품대금으로 1,100,000원에 대하여 乙의 3개월로 발행된 전자어음을 수령하다.

(甲)의 회계처리

2.28 　차) 받을어음　1,100,000　　대) 외상매출금 1,100,000

(乙)의 회계처리

2.28 　차) 외상매입금 1,100,000　　대) 지급어음 1,100,000

5.31 甲은 乙로부터 수령한 받을어음 1,100,000원을 지급제시 하여 현금을 수령하였다.

(甲)의 회계처리

5.31 　차) 현　　금 1,100,000　　　대) 받을어음 1,100,000

(乙)의 회계처리

5.31 　차) 지급어금 1,100,000　　　대) 현　　금 1,100,000

만일 甲이 乙의 부도로 인하여 지급제하여 현금으로 지급결제를 받지 못하는 경우는 받을어음을 부도어음으로 처리한다.

5.31 　차) 부도어음 1,100,000　　　대) 받을어음 1,100,000

만일 부도처리가 되면 甲은 乙로부터 대금을 수령하기 위하여 소송을 해야 하는 경우가 있는데, 어음금으로 소송을 할 수도 있고, 원인채권인 외상매출금으로 소송을 할 수 있다. 실무에서는 어음금으로 우선 소송(어음금청구의 소)을 진행하는 것이 바람직하다. 왜냐하면 어음금은 금액에 상관없이 1심법원에서 단독심으로 빨리 끝나기 때문이다.

다만 어음원본을 분실하거나 어음금에 대한 소멸시효가
완성되면 원인채권인 외상매출금으로 소송(물품대금청
구의 소)을 진행한다.

동　민 : 와우. 이 대리님의 말씀이 쏙쏙 들어와요.

이 대리 : 매출채권 관리는 아주 중요해요.

매출채권은 회사의 유동성과 바로 연결되어 있지요. 따
라서 판매를 하면 반드시 결제조건에 맞추어 회수를 해
야 합니다. 따라서 영업사원은 매출채권 회전율 또는
매출채권 회전 주기 관리를 해야 하는 데, 다음 재무제
표 분석을 하면서 구체적으로 설명을 드릴게요.

우선 재무제표 기본부터 학습하기로 해요.

재　철 : 예 알겠습니다.

은　경 : 재무제표는 무엇이고 어떠한 절차를 거쳐서 만들어 지고
있는지 궁금해요?

이 대리 : 중요하면서 기본적인 질문을 주셨군요. 지금부터 집중을
하면서 들으셔야 합니다. 우리가 업무를 잘 하려면 어떻
게 해야 합니까. 업무절차 즉, 흐름에 대해서 잘 이해를
해야 합니다. 특히, 회계와 원가의 흐름을 잘 이해를 해
야 합니다.

재무상태표(B/S, Balance Sheet)구조를 이해하자.

이 대리 : 우선 재무제표는 무엇인가에 대하여 설명을 드리겠습니다.

재무제표는 기업에서 경영활동에 따른 재무상태를 파악하기 위하여 회계원칙(K-IFRS, K-GAAP)에 따라서 표시한 재무 보고서를 말합니다.

회계 기준

① K-IFRS(한국채택국제회계기준) : 상장회사와 비상장회사 중 원하면, 이 기준을 적용 한다.
  ※ Korea International Financial Reporting Standard의 약자입니다.
② K-GAAP(일반기업회계기준, 중소기업회계기준) : 비상장회사는 일반기업회계기준 적용하고, 중소기업은 중소기업회계기준을 적용한다.
  ※ Korea Generally Accepted Accounting Principles의 약자입니다.
  ※ 차이점
    K-IFRS는 모든 공시서류가 자회사 및 관계/종속기업을 다루는 연결재무제표 중심입니다.
    따라서 K-IFRS의 경우는 연결실체를 중심으로 재무분석을 합니다.
    반면에, K-GAAP의 경우 개별재무제표만을 작성합니다.

기업에는 매월 월차 결산을 하게 되지요. 각 팀에서 발생한 경제적 사건들, 즉 거래 사실들이 전표를 통하여 발행되고 집게 되어 최종적으로 회계 팀에서 회계순환에 따라서 결산을 하게 됩니다.

회계 순환

거래 → 분개 → 분개장 및 종계정원장 → 시산표 → 결산분개 → 재무제표 작성
※ 회계순환은 매월 반복적으로 흐름에 따라서 회계업무 처리하는 것을 말한다.

은　경 : 이러한 재무제표 종류에는 무엇이 있나요.

이 대리 : 재무제표의 종류에는 재무상태표와 손익계산서, 자본변동표, 현금흐름표, 주석 등이 있습니다.

이 중에서 최소한 영업사원들은 재무상태표와 손익계산서, 현금흐름표 정도는 구조를 이해하고 분석할 수 있어야 합니다.

이번 학습도 이를 중심으로 하려고 합니다.

재　철 : 재무제표 종류가 많네요.

이 중에는 제조원가명세표가 빠져 있네요. 제조원가명세표는 재무제표로 보지 않는가요?

이 대리 : 그렇습니다.

제조원가명세서는 재무제표는 아니지만 부속명세서라고 합니다. 이러한 부속명세서에는 이외에도 유가증권명세서, 재고자산명세서, 유형자산명세서 등이 있습니다. 제조원가명세서는 일반 제조회사에서 사용하는 것이고, 건설회사는 공사원가명세서, 유통회사는 물류원가명세서 등이라고 합니다.

제조회사는 반드시 제조원가명세서를 작성하게 되는데, 손익계산서를 작성하기 전에 먼저 작성합니다.

제조원가명세서를 통하여 직접재료비, 직접노무비, 제조간접비 등 당기총제조원가 및 당기제품제조원가를 알 수 있습니다. 원가에 대한 구체적인 것은 다음 원가관리회계를 학습하면서 말씀 드리도록 하겠습니다.

재 철 : 네. 그렇군요.

그럼 재무제표 중 우선 재무상태표에 대하여 설명을 부탁드립니다.

이 대리 : 알겠습니다.

재무상태표는 2014년도에 K-IFRS(한국국제재무회계기준)를 도입하면서 사용하는 용어인데, 이를 대차대조표라고도 합니다. 현재 혼용하여 함께 사용하기도 합니다. 재무상태표는 기업의 일정시점에 있어서 재무상태 또는 신용상태를 나타내는 일람표입니다.

재무상태표는 일정한 시점에서 현재 기업이 보유하고 있는 재무 상태를 보여주는 회계보고서로 차변에 자산과 대변에 부채 및 자본으로 구성되어 있습니다.

재무상태표는 기업 활동에 필요한 자금을 어디서 얼마나 조달하여 어디에 투자했는지 등을 알 수 있습니다.

재무상태표는 회계의 가장 기본적인 등식으로 자산=부채+자본의 형식을 갖고 있습니다.

동 민 : 그럼 재무상태표의 자산은 부채와 자본의 합계라는 말씀인가요?

이 대리 : 맞습니다. 우리는 이를 대차평균의 원리라고 하는데요. 차변합계를 자산총계라 하고, 대변합계를 부채와 자본 총계라고 합니다.

결국 차변의 자산총계와 대변의 부채와 자본총계는 같은 말입니다.

그런데 이러한 회계용어를 재무적 관점에서는 자산총계를 총자산으로 표시하고 부채와 자본총계를 총자본으로 표시하기도 합니다.

다시 말해 총자산과 총자본은 같은 말입니다.

또한 이러한 총자산과 총자본을 개념적으로 이해할 필요가 있습니다. 즉, 총자본은 우리 회사의 총 능력이라고 볼 수 있지요.

다시 말해, 인적자원, 물적자원, 재무적자원, 정보적자원이라고 볼 수 있습니다. 만일 총자본이 10억 원이라면 우리 회사는 10억 원의 능력을 갖고 있는 것이고 총자본이 100억 원이라면 100억 원의 능력을 갖고 있는 것이고 총자본이 1000억 원이라면 1000억 원의 능력을 갖고 있다는 것입니다.

재 철 : 그럼 우리 회사의 총자본이 1조 원이라면 우리 회사의 능력이 1조 원의 능력이 있다는 말씀인가요?

이 대리 : 그렇습니다.

은 경 : 아 그렇군요.

그럼 자산에서 부채를 빼주면 자본이 나오겠네요.

가령 자산 100억 원에서 부채 60억 원을 차감하면 자기자본 40억 원이 나오겠네요.

이 대리 : 와우 맞습니다.

이해력이 대단들 하십니다. 저도 하나라도 더 가르쳐주고 싶네요.

재　철 : 감사합니다. 재미있습니다.

동　민 : 이 대리님. 자산 항목에 대하여 좀 더 구체적으로 말씀해
　　　　 주세요.

재무상태표(B/S)

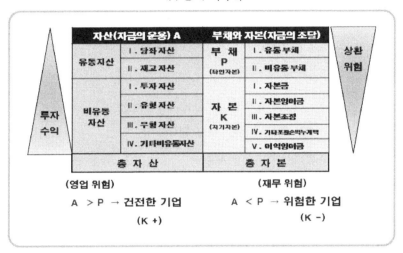

이 대리 : 예. 알겠습니다.

　　　　　자산은 재무상태표 차변요소로 기업이 운영하고 있는
　　　　　유동자산과 비유동자산으로 구성되어 있습니다.

　　　　　유동자산은 다시 당좌자산과 재고자산으로 나누고, 비
　　　　　유동자산은 투자자산과 유형자산, 무형자산, 기타비유
　　　　　동자산으로 나눕니다.

은　경 : 유동자산과 비유동자산의 차이점이 무엇인가요?

이 대리 : 예. 아주 좋은 질문입니다.

유동이냐 비유동이냐는 1년을 기준으로 보시면 됩니다. 즉 1년 이내 현금화가 가능하면 유동자산이고 현금화가 1년이상, 즉 장기에 걸쳐서 이루어지면 비유동자산으로 보면 됩니다.

유동자산은 다시 당좌자산과 재고자산으로 구분합니다. 당자자산은 당장 현금화가 가능한 자산으로 현금, 예적금, 단기매매유가증권, 매출채권, 선급금, 선급비용, 대여금 등이 있습니다. 그리고 재고자산에는 원재료, 상품, 제품, 반제품, 재공품, 미착상품, 저장품 등이 있습니다. 재고자산은 제조회사에서 가지고 있는 자산으로 제조과정을 거쳐 제품이 만들어지고 이를 판매함으로써 비로소 현금 또는 매출채권으로 남게 되는 자산입니다. 따라서 재고자산은 현금화 되는 측면에서 보면 다소 시간이 걸릴 수 있습니다. 이와 같이 재고자산은 유동성 문제가 있기 때문에 재고자산을 잘 관리하는 것은 매우 중요 합니다. 따라서 재고자산도 재고자산회전율 또는 재고자산회전기간 관리를 해야 합니다.

재고자산 회전율/기간

재고자산회전율 = 매출원가/평균재고자산
재고자산회전기간 = 365/재고자산회전율
※ 재고자산회전율(기간)이란 원재료를 구매하여 제조과정을 거처서 판매되기까지의 회전율(기간)을 말한다.

재　철 : 유동자산에는 영업용자산이 있다는 말을 들었는데, 무엇
　　　　을 말하는가요?

이 대리 : 예. 아주 좋은 질문입니다.

　　　　영업용 자산 관리야 말로 아주 중요합니다. 여기에는
　　　　바로 매출채권과 재고자산을 합한 것을 말합니다.

　　　　재무제표 분석을 하면서 다시 한번 말씀드리겠지만 매
　　　　출채권과 재고자산 관리를 통하여 영업주기를 계산할
　　　　수 있는데, 매입채무 주기를 차감하면 순운전영업주기
　　　　를 계산할 수 있습니다.

　　　　순운전 영업주기를 계산하면 1회전 운전자본까지도 계
　　　　산할 수 있습니다.

순운전 영업주기

순운전영업주기 = 재고자산 회전기간 + 매출채권 회전기간 - 매입채무 회
전기간

※ 순영업주기를 계산하면 1회전운전자본을 계산할 수 있다.
　 운전자본이란 경영에 필요한 영업비(재료비, 노무비, 경비, 판매관리비 등)를
　 말한다.
　 1회전 운전자본 = (순운전영업주기/365) x (매출액-영업이익-감가상각비)

동　민 : 유동자산에 대하여 무엇이 중요한지 알겠어요.

　　　　벌써 재무제표 분석 시간이 기대가 되요.

이 대리 : 좋습니다.

재무제표 분석을 할 경우를 대비하여 자산, 부채, 자본 구성요소 및 상호간에 관계를 잘 이해해야 합니다.

은　경 : 비유동자산에 대하여 말씀을 하여 주세요.

이 대리 : 예. 성격이 급하시네요.

이렇게 하면 진도가 팍팍 낼 수가 있습니다.

비유동자산은 크게 4가지로 나누어집니다.

투자자산과 유형자산, 무형자산, 기타비유동자산으로 구분합니다.

투자자산은 영업이외의 목적을 가지고 투자하는 경우에 발생하는데, 투자부동산, 매도가능유가증권, 만기보유 유가증권, 지분법적용투자주식, 장기대여금, 장기성예 금 등이 있습니다.

유형자산은 토지, 건물, 구축물, 기계장치, 공기구비품, 차 량운반구, 선박, 항공기, 건설 중인 자산 등이 있습니다. 유형자산은 시간이 경과함에 따라 취득가치가 감소하게 되는데, 유형자산 중 토지와 건설 중인 자산을 제외하고 는 감각상각을 합니다. 다시 말해, 시간이 경과함에 따 라 그 가치를 감소시키는 것을 감가상각이라고 합니다. 감가상각 방법에는 정액법, 정율법, 생산량비례법, 연 수합계법, 이중체감법 등이 있는데 회사 또는 업종에 따라서 선택하여 적용하고 있습니다.

많은 기업에서 정액법, 정률법을 적용하고 있는데, 정 액법은 매년 내용연수 기간 동안 같은 금액으로 균등히 감가상각을 합니다. 그러나 정률법을 적용하면 초기년도에 감가상각액이 크게 나타나고 시간이 지나갈수록 감가상각금액이 적게 나타나는 방법입니다. 정액법을 선택할 것이냐 정률법을 선택할 것이냐는 정책적 판단이기는 하나 한국채택국제회계기준(K-IRFS, International Financial Reporting Standards)에서는 정률법은 적용하지 않습니다. 그리고 보수주의 회계 즉 초기 년도 기간에 있어서 이익을 많이 내려면 정률법 보다는 정액법을 많이 사용합니다. 생산량비례법은 광산업에서 적용하고 있습니다. 토지와 건설 중인 자산의 경우는 감가상각을 하지 않습니다. 하지만, 토지는 원가모형 또는 재평가 모형을 적용합니다.

원가모형은 취득가격을 장부상으로 표기합니다. 그러나 재평가 모형은 평가를 통하여 평가된 금액으로 표기를 하게 됩니다.

원가모형을 적용할 것이냐, 아니면 재평가모형을 적용할 것이냐는 회사의 선택에 달려 있습니다.

무형자산은 형태가 없는 자산으로 유형자산에 대비되는 개념으로 영업권, 산업재산권(특허권, 실용신안권, 디자인권, 상표권), 광업권, 차지권, 창업비, 개발비 등이 있습니다. 무형자산도 내용연수에 따라서 정액법으로 감가상각을 하고 있습니다. 다만 영업권은 한국채택국제회계기준(K-IFRS)에서는 감가상각을 하지 않으나 한국기업회계기준(K-GAAP, Generally Accepted Accounting Principles)에서는 20년 내에 정액법으로 감가상각을 하고 있습니다. 기타비유동자산은 투자자산, 유형자산, 무형자산에 속하지 않은 자산으로 임차보증금, 장기성 매출채권, 부도어음, 전세권, 장기선급비용, 이연법인세, 등이 있습니다.

재 철 : 이 대리님 숨 넘어 가는 줄 알았습니다. 대단하십니다. 이 대리님 비유동자산이 투자자산, 유형자산, 무형자산, 기타비유동자산이 있다고 설명하여 주셨는데, 이들 모두 감가상각 대상이 되나요?

이 대리 : 그렇지 않습니다.

앞에서 설명을 드렸지만 감가상각 대상은 유형자산과 무형자산에 대하여만 합니다. 자산 중에서 비유동자산이 유동자산보다 크면 이는 영업에 대한 이익을 크게 기대 할 수 있습니다. 더불어 투자 위험이 함께 존재한다고 볼 수 있습니다. 왜냐하면, 이익을 많이 내려면 규모의 경영, 즉 투자를 많이 해서 이익을 기대할 수 있지만, 만일 불경기를 맞이하여 판매가 위축이 되면 이는 이익을 기대하기가 힘들 뿐만 아니라 영업위험, 경영위험을 초래할 수 있기 때문입니다. 따라서 투자는 1차적으로 자기자본 100% 범위 내에서 투자를 해야 투자의 안정성이 있다고 봅니다. 이 경우 기준 지표가 있는데, 이 때 비유동비율을 봅니다.

비유동비율

비유동비율 = 비유동자산/자기자본

※ 비유동자산은 투자자산으로 보아, 사업계획수립시 자본예산으로 편성한다.

참고로 2022년 한국은행 발표자료에 의하면 우리나라 비유동비율은 127%입니다. 따라서 27% 만큼의 과잉투자가 나타났다고 봅니다. 그러나 투자를 검토 시, 이에 대한 기대효과가 매출액으로 충분이 실현할 수 있다고 판단되면 공격적으로 투자를 할 수 있습니다.

이 경우 2차적으로 보는 기준 지표가 있는데, 비유동장기적합률을 봅니다.

비유동장기적합률

비유동비율 = 비유동자산/자기자본+비유동부채

참고로 2022년 한국은행 발표자료에 의하면 우리나라 비유동장기적합률은 82.7%입니다. 따라서 이 지표로 판단할 때는 투자의 여력이 있다고 봅니다.

재 철 : 아, 그렇군요. 투자 검토 시는 신중하게 재무 상황을 보면서 해야겠네요.

이 대리 : 맞아요. 투자 검토 시는 신중하게 해야 되요. 이에 대한

검토는 기존사업과 신사업에 대한 검토가 있는데, 기존
사업은 경제적 부가가치(EVA)로 검토하고, 신사업은
NPV(순현재가치법)로 검토 합니다. EVA와 NPV는 추
후에 말씀을 드리겠습니다.

재　철 : 아 그렇군요. 좀 어렵군요. 다음에 기회가 되면 좀더 알고
싶네요. 지금은 회계에 대해서 먼저 공부를 하고 난 다음
학습을 하겠습니다.

이 대리님. 감가상각비 비용 처리는 어떻게 되는지 궁금
해요.

이 대리 : 네. 아주 좋은 질문 좋습니다.

이번에는 감가상각비에 회계처리에 대해서 말씀을 드릴
게요. 감가상각은 앞에서 말씀을 드렸듯이 유형자산과
무형자산에 대해서 시간이 경과하면 가치가 감소하게
되는데, 감가상각의 방법에는 정액법과 정률법 등이 있
다고 말씀을 드렸습니다.

회계처리는 감가상각비 계정으로 처리되며, 이는 제조
과정에서 발생한 경우라면 경비로 처리되어 당기제조비
용(매출원가 반영)에 반영됩니다.

그러나 관리 영업직에서 발생한 경우는 판매비 및 일반
관리비로 처리가 됩니다.

감가상각비 상대 계정과목은 감가상각누계액으로 처리
됩니다.

감가상각누계액은 해당자산에서 차감하는 형식으로 기

재되며, 평가계정으로서 해당 계정에서 차감 합니다.

다음 재무상태표를 보시기 바랍니다.

재무상태표 상 유형자산 감가상각누계액 표시 방법(예)

차 변	대 변
기계장치 10,000,000 (감가상각누계액 1,000,000)	

※ 이 경우 취득가액은 10,000,000원이고 장부가액은 9,000,000원입니다.

재 철 : 감사합니다.

이 대리님. 잠시 쉬었다가 해요.

이 대리님도 힘드시고, 우리팀원들도 한 번에 너무 많은 것을 들으니 다소 부담이 되네요.

이렇게 하여 잠시 휴식시간을 갖기로 하였다.

잠시 후 다시 학습을 하기 위하여 모였다.

재 철 : 자. 다음으로 재무상태표 중 부채와 자본에 대하여 학습하기로 해요.

이 대리 : 잘들 쉬었어요.

앞에서 자산의 구성요소에 대하여 말씀을 드렸는데, 잘들 이해 하셨지요?

은　경 : 네. 잘 이해를 했습니다.

이 대리 : 좋아요. 이번 시간은 자산에 이어 부채와 자본에 대해 학습하기로 합시다.

먼저, 부채와 자본은 대변요소로 자본의 조달 항목입니다. 부채를 타인자본이라고 하고 자본을 자기자본이라고도 합니다.

타인자본과 자기자본을 합하여 총자본이라고 합니다.

부채는 유동부채와 비유동부채로 나눕니다.

유동부채는 1년 이내 변제하여야 할 채무로서, 이는 매입채무, 미지급금, 미지급비용, 예수금, 선수금, 단기차입금, 유동성장기부채 등이 있습니다.

그리고 비유동부채는 1년 이상에 걸쳐 변제해야 할 채무로서, 이는 장기차입금, 사채, 임대보증금, 퇴직급여충당부채, 이연법인세부채, 장기매입채무 등이 있습니다. 또한 부채에는 이자부담이 없는 부채와 이자를 부담해야 하는 부채가 있습니다.

이자부담이 없는 부채에는 매입채무, 예수금, 선수금, 선수수익 등이 있습니다. 이자를 지급해야 할 부채는 단기차입금, 유동성장기차입금, 장기차입금, 사채 등이 있습니다.

재　철 : 그렇군요.

이 대리 : 적절한 규모의 부채가 있으면 레버리지 효과가 있습니다.

동　민 : 위원님! 레버리지 효과가 무엇인가요?

이 대리 : 네. 레버리지란 지렛대를 말합니다. 즉 금융기관으로부터 자금을 융통하면 이자를 부담하게 되는데, 이를 납부하고 세금을 내는 것을 말합니다. 다시 말해, 법인세납부전공제효과가 발생하는 것을 말합니다.

동 민 : 그렇군요.

이 대리 : 아무튼 부채, 특히 이자부부채가 지나치게 많으면 이자비용의 부담이 가중되어 경기가 위축되면 경영상 큰 재무위험이 될 수 있습니다.

부채와 자본의 차이점

구 분	부 채	자 본
자금조달 방법	단기차입금, 유동성장기부채 장기차입금, 회사채	주식발행
만기 존재	만기가 있다	만기가 없다
경영권 참여	할 수 없다	할 수 있다
지급 대가	이자	배당금
잔여재산 배분순위	선순위	부채보다 후순위

재 철 : 부채는 변제해야 하는 것이고, 자본은 변제를 하지 않아도 된다는 밀씀 이지요?

이 대리 : 맞습니다.

부채 중에는 장부상에 나타나지 않는 경우도 있어요. 특히 영업팀에서 거래처와 거래 시 이 부분을 조심해서 살펴봐야 합니다.

은　경 : 이 대리님. 그게 뭔데요. 궁금해요.

이 대리 : 그것은 바로 우발채무 성격으로 "충당부채"라는 것이 있어요. 일반적으로 단기차입금, 유동성장기부채, 장기차입금, 회사채와 같은 부채는 거래약정서 또는 계약에 의해 확정되게 되는데, 이를 확정부채라고 합니다.

하지만, 이와 반대로 과거 또는 현재 소송 등으로 아직 확정되지는 않았으나 향후 지출 가능성이 높은 경우가 있을 수 있습니다. 이러한 경우 장래에 지급할 가능성이 높고 신뢰성 있게 추정될 경우 미확정부채로 보지만, 충당부채로 처리합니다.

만일, 장래에 지급할 가능성이 낮고 신뢰성 있게 추정할 수 없다면, 이러한 경우 주석으로 표시하여 이해관계자들에게 전달해야 합니다.

재　철 : 이 대리님.

부채가 많으면 좋은 것인가요? 아니면 나쁜 것인가요?

이 대리 : 네. 아주 좋은 질문입니다. 다음에 재무제표 분석 시 구체적으로 말씀을 드리겠지만 부채가 높다는 것은 채무 이행에 대한 부담이 높다는 것입니다.

이와 반대로 부채가 낮다는 것은 재무적 위험이 낮다고 볼 수 있지요.

회사가 매출을 통해서 순이익을 많이 내면 부채비율은 낮아지고, 적자를 내면 부채비율이 높아집니다.

일반적으로 부채비율은 100%이하가 좋다고 봅니다.

하지만 회사가 성장을 위해서 차입금을 끌어들여 공격으로 투자를 하면 부채비율이 일시적으로 높아 질 수 있으나, 순이익을 많이 내면 부채비율은 다시 떨어집니다. 하지만 지속적으로 적자가 나면 부채비율이 높아 회사가 위험해 질 수도 있습니다.

참고로 2022년 한국은행 발표자료에 의하면 우리나라 부채비율은 122%입니다.

동　민 : 그렇군요. 이 대리님, 회계가 재미있어져요. 역시 실무 경험이 풍부하셔서 그런지 알기 쉽게 설명을 해 주시네요.

이 대리 : 뭘요. 여러분이 열심히 들어주시니 저도 모르게 열심히 설명이 되는 것 같아요. 다음은 자본에 대하여 학습하기로 해요. 자본은 자산에서 부채를 차감한 것을 말합니다. 자본은 자금조달 원천으로서 크게 납입자본, 이익잉여금, 기타자본구성요소로 구성되어 있습니다.

납입자본이란 자본금, 자본잉여금, 자본조정 등으로 자본주가 출연한 금액을 말합니다.

예를 들어, A라는 기업이 설립하면서 1만주를 1,000원에 발행한다면 납입자본금은 10,000,000원(10,000주 × 1,000원)이 될 것입니다.

회사 설립시 자본금

(차변) 현금 10,000,000　　　(대변) 자본금 10,000,000

이후에 자본금을 증자하거나 감자를 할 경우에 액면가를 초과하여 발행하거나 액면가 이하로 발행하는 경우가 있는데, 이 경우 이를 자본잉여금으로 처리 합니다. 가령, 회사를 설립 이후에 운영하다가 자본을 증자하는 경우가 있습니다. 이 경우 1,000주를 5,000원에 발행한다면 4,000,000원의 액면초과발행으로서 주식발행초과금으로 처리합니다.

자본 증자시(액면 초과 발행시)

(차변) 현　　　　　　금 5,000,000	(대변) 자　　　본　　　금 1,000,000
	주식발행초과금 4,000,000

자본금은 다음과 같이 재무상태표상에 표시하게 됩니다.

재무상태표상의 자본란

차 변	대 변
현금 5,000,000	납입자본 5,000,000 　자　　　본　　　금 1,000,000 　주식발행초과금 4,000,000 기타자본요소 이익잉여금 　미처분이익잉여금 　당기순이익

은　경 : 그렇군요. 그런데, 이익잉여금은 무엇인가요.

이 대리 : 자본에는 이익잉여금이 있습니다. 이익잉여금은 과거로부터 누적된 이익의 합계입니다. 이익잉여금에는 미처분이익잉여금과 당기순이이익이 포함되어 있습니다. 이는 외부로 유출되지 아니하고 사내에 유보되어 있는 금액이라고 볼 수 있습니다. 이는 주주총회에서 일부는 적립금(이익준비금, 재무구조개선적립금, 기업합리화적립금, 배당평균적립금, 감채기금적립금 등)으로 사용되고, 이중 일부는 배당자원으로 사용하게 됩니다.

당연히 이익잉여금이 많은 게 좋겠지요.

한 가지 더 알고 있어야 할 것은 재무상태표 상의 당기순이익과 다음에 배울 손익계산서상의 당기순이익과 일치 한다는 사실을 기억하시기 바랍니다.

만일 당기순이익이 많이 발생하게 되면 이익잉여금이 증가하게 되지요. 이렇게 이익잉여금이 증가하게 되면 자본이 증가하게 되고 자본이 증가하면 결국 자기자본이 커져서 부채비율은 감소합니다.

은　경 : 와우. 그렇군요.

재　철 : 자본에는 기타자본요소가 있는데 이게 무엇인가요.

이 대리 : 참 어려운 계정과목이 많습니다. 기타자본요소는 납입자본과 이익잉여금을 제외한 자본요소를 말합니다. 이는 기타포괄손익누계액으로 표시되고 있는데, 매도가능금융자산평가손익이나 해외사업환산손익 등이 있습니다.

이 부분은 회계 팀에서 처리합니다.

여러분은 이러한 계정과목이 있다는 정도만 알아도 될 듯합니다. 그러나 추가적으로 궁금하시면 별도로 학습하시길 바랍니다.

동　민 : 알겠습니다. 이제, 서서히 재무상태표가 눈에 들어와요.

이 대리 : 그런가요. 재무상태표에 대한 기본 구조를 이해하였으니 다행입니다.

자. 오늘은 이만하고 내일은 손익계산서에 대하여 학습하기로 합시다.

재　철 : 감사합니다.

이렇게 하여 오늘은 재무상태표에 대하여 알아보았다. 내일은 손익계산서에 대한 이해를 할 수 있다는 자신감을 갖고 기다리게 되었다.

이 대리 : 자. 내일 만나요.

손익계산서(I/S, Income Statement) 구조를 이해하자.

팀원들은 회계에 대한 학습에 대하여 흥미를 갖기 시작하였다.

이 대리 : 어제 피곤들 하셨지요.

재　철 : 아뇨. 배운다는 것은 기쁨입니다.

동　민 : 집에 가서 어제 배운 것을 복습 하였습니다.

이 대리 : 그렇군요. 훌륭하십니다.

은　경 : 오늘도 기대됩니다.

이 대리 : 좋아요. 이렇게 즐겁게 여러분과 학습을 할 수 있다니 너무 좋아요.

오늘도 최선을 다하겠습니다. 오늘은 손익계산서에 대하여 학습하기로 하지요.

은경 씨 손익계산서가 뭐지요?

은　경 : 예. 손실과 이익 뭐 … 알겠는데, 더 이상 생각이 않나요.

이 대리 : 하하. 맞아요.

손익계산서는 일정 기간 동안 발생한 경영성적, 영업성적을 알아보기 위해 작성되는 것으로 손실과 이익을 따져보는 것이지요.

재　철 : 손익계산서는 언제 작성하나요.

이 대리 : 손익계산서는 매월 작성합니다. 매월 말 각 팀에서 1차 마감을 하면, 회계 팀에서 월차결산을 하게 됩니다.

우선 영업에서 판매한 매출을 마감하고, 그리고 각 팀에서 원가계산 및 지출한 각종의 비용을 마감합니다.

그러면 회계팀에서는 회계순환에 따라 손익을 계산하게 됩니다. 그리고 손익계산서는 수익비용대응원칙에 따라서 작성되며, 발생주의를 적용합니다. 발생주의란 실제 지출이 되지는 않았지만 비용으로 처리하는 것을 말하는데, 대표적으로 감가상각비가 있습니다.

동 민 : 네. 그렇군요.

우리 회사는 제조회사이기 때문에 제조원가명세서를 작성하는 것으로 알고 있습니다.

그런데 제조원가명세서와 손익계산서 중 무엇부터 작성하나요?

이 대리 : 아. 역시 동민 씨의 질문은 예리하다니까요.

앞에서 잠깐 설명을 하였습니다만, 제조원가명세서를 작성하고 이를 토대로 손익계산서를 작성합니다.

제조원가명세표도 손익계산서처럼 발생주의에 따라 처리합니다. 제조원가명세서는 직접재료비, 직접노무비, 제조간접비 등 당월발생한 당기총제비용에 기초재공품을 더하고 기말재공품을 차감하면 당기제품제조원가가 산출됩니다. 이렇게 산출된 당기제품제조원가가 진정한 생산원가입니다. 다시 말해, 당기제품제조원가를 완성품 생산량으로 나누어 주면 단위당 완제품생산원가가 산출됩니다. 이렇게 생산된 완성제품을 판매하게 되면 바로 당기제품제조원가가 손익계산서 상 매출원가로 반영이 됩니다.

은 경 : 제조원가명세서와 손익계산서에 상호간에 어떻게 연결이 되나요?

실제 작성표를 가지고 말씀해 주시면 좋겠어요.

이 대리 : 네. 알겠습니다. 먼저 기본적인 개념에 대해서 말씀을 드리고 잠시 후에 표를 보면서 말씀을 드리겠습니다.

제조회사는 제조원가명세서를 작성하고, 물류회사는 유통원가명세서를 작성하고, 건설회사는 공사원가명세서를 작성합니다.

우리 회사는 제조회사라서 제조원가명세서를 작성합니다. 제조원가는 생산원가라고도 하는데, 재료비, 노무비, 경비로 구성되어 있습니다. 이를 원가의 3요소라고 합니다.

재 철 : 그렇군요. 그런데, 재료비와 노무비 및 경비는 어떻게 산출되는지 궁금해요.

이 대리 : 네. 알겠습니다. 재료비, 노무비, 경비를 요소별 원가라고 하는데, 아주 중요합니다.

먼저 재료비가 어떻게 산출되는지부터 설명을 드리겠습니다. 재료비를 계산하는 방법에는 재고자산에 대한 이해가 먼저 필요합니다.

재고자산이란 기업이 정상적인 영업활동에서 판매를 목적으로 보유하는 자산으로 제품, 상품이 있습니다. 또한 제조과정 중에 있는 자산으로 재공품, 반제품이 있습니다. 그리고 생산이나 용역제공에 투입될 자산으로 원재료와 소모품이 있습니다.

재고자산은 판매할 것을 목적으로 한다는 점에서 기업에서 영업활동에 사용할 목적으로 보유하는 유형자산과 무형자산과는 구분할 수 있고, 또한 투자를 목적으로 보유하고 있는 투자자산과도 구분할 수 있습니다.

동　민 : 그렇군요.

　　　　재고자산 취득 시에 발생하는 부대비용은 어떻게 처리하
　　　　는지요? 재고자산의 원가에 포함하는지, 아니면 별도의
　　　　비용으로 처리하는지요?

이 대리 : 아주 중요한 질문을 해주셨네요.

　　　　재고자산의 취득원가는 매입가액에 구매과정에서 발생
　　　　한 운송비, 보험료, 검수비, 보관비, 설치비 등이 발생
　　　　할 수 있는데, 이러한 부대비용을 가산합니다. 그리고
　　　　취득과정에서 매입에누리 및 환출, 매입할인이 발생했
　　　　으면 매입가액에서 차감합니다.

재료비 = 기초재료재고액 + 당기재료매입액 − 기말재료재고액

※ 당기재료매입액 = 구매금액 + 부대비용± 매입에누리 및 환출, 매입할인

　　　　재료비는 이와 같은 재고자산을 생산에 투입해야 원가
　　　　로서 인식을 하게 되고 비로소 소비된 것을 재료비라 합
　　　　니다.

원재료 → 소 비 → 재료비

　　　　다시 말해, 재료비는 제품생산을 위해서 제조활동에 투

입된 원재료 소비액을 말합니다. 당기 재료소비량은 기초재료수량에 당기재료매입수량을 합산해서 기말재료재고수량을 차감하여 산출이 됩니다.

이렇게 계산하여 당기재료소비량에 단위당 원가를 곱하면 당기에 제품 제조에 소비된 재료비를 산출할 수 있는 것입니다.

은　경 : 그렇군요.

이 대리님 실제 예를 한번 들어 주셨으면 이해하기가 더 좋을 것 같습니다.

이 대리 : 좋습니다. 다음의 자료를 보시고 재료비는 얼마인지 계산해 보시지요?

재료사용 수량계산(예)

한강산업(주)의 7월1일 원재료 수량은 200개, 7월 중에 매입수량은 2,000개였다. 7월31일 생산 활동을 마친 후 기말재고 수량은 300개 였다. 단, 7월기초와 매입단가는 200원으로 동일하다고 가정을 하면 재료비는 얼마인가?

재　철 : 제가 말씀드릴게요.

기초재고수량 200개+당월매입수량 2,000개-기말재고수량 300개=1,900개입니다.

즉 소비량은 1,900개로 200원의 단가를 곱하면 재료비는 380,000원입니다.

이 대리 : 네 맞습니다.

역시 똑똑하시군요.

이와 같이 계산된 제품이 판매가 되면 매출원가로 처리됩니다.

그리고 기말재고는 300개가 있는데, 재고자산을 파악하는 방법에는 계속기록법과 실지재고조사법이 있습니다.

위에서 설명한 방법이 계속기록법이라고 합니다.

계속기록법이란 상품의 입·출고 시에 수량을 상품재고장에 계속적으로 기록하는 방법으로 장부상 남아있는 재고수량을 기말재고수량으로 결정하는 방법입니다.

즉, 기말재고수량은 당기판매가능수량(기초재고수량 + 당기매입수량)에서 당기판매수량을 차감하여 계산합니다.

계속기록법에 의할 경우 기초재고수량, 당기매입수량, 당기판매수량이 모두 기록되므로 언제든지 장부상의 재고수량을 파악할 수 있습니다.

그러나 이외에도 실제재고조사법이 있습니다.

실지재고조사법이란 정기적인 실지재고조사를 통하여 재고수량을 파악하는 방법으로 상품재고장에 입고기록만 할 뿐, 출고기록을 하지 않기 때문에 당기판매수량은 당기판매가능수량(기초재고수량 +당기매입수량)에서 기말실제재고수량을 차감하여 계산합니다. 즉, 기초재고수량과 당기매입수량만 기록하고 당기판매수량은 기말에 실제재고조사를 통하여 일괄적으로 파악하는 방법입니다.

동　민 : 그렇군요.

　　　　그럼 어떤 방법이 좋은 방법인지요?

　　　　장·단점에 대해서 말씀을 해주시면 좋겠습니다.

이 대리 : 알겠습니다.

　　　　먼저 계속기록법부터 말씀을 드리겠습니다.

　　　　이 방법의 장점은 고가의 상품, 거래빈도가 적은 상품을 취급하는 기업에 적절하다고 봅니다. 또한 장부상의 계속적인 기록으로 정확한 재고기록이 유지가 됩니다. 그리고 실제재고조사 방법을 병행하여 재고자산 감모손실의 파악이 가능하며, 매출원가 계산이 필요하지 않습니다.

　　　　그러나 단점으로는 기말에 재고실사를 하지 않는다면 재고감모손실을 정확히 파악하기가 어렵고 도난, 분실 등으로 재고감소손실이 기말재고액에 포함되어 기말재고액이 과대 계상될 수 있습니다. 따라서 실무적으로 번거로운 점이 있습니다.

　　　　이에 반해, 실제재고조사법은 계속해서 기록하지 않기 때문에 계속기록법에 비하여 실무상 편리합니다.

　　　　이 방법은 저가품, 다품종을 취급하는 기업에 적절한 방법이라고 볼 수 있습니다. 다만 도난이나 파산, 유실, 오기 등으로 인하여 재고감모손실을 파악할 수 없고 매출원가 계산이 필요하다는 겁니다. 또한 기말의 재고실사를 해야 하기 때문에 영업에 지장을 줄 수가 있습니다.

은 　경 : 그렇군요.

그렇다면 계속기록법과 실제재고조사법을 동시에 같이 병행하여 평가하는 방법을 사용하면 좋겠네요.

이대리 : 네. 맞아요.

이렇게 하는 방법을 혼합법이라고 하는데, 계속기록법과 실지재고조사법을 병행하는 방법으로 계속기록법에 의하여 상품재고장의 기록을 유지하고, 일정시점에서 실제재고조사도 함께 실시하는 방법입니다.

계속기록법에 의한 장부상의 기말재고수량과 실제재고조사를 통해서 확인된 기말실제재고수량이 도난이나 파손 등의 사유로 차이가 날 수 있는데 이를 '재고감모수량'이 라고 합니다.

그런데 정확한 의미에서 계속기록법과 실제재고조사법은 재고감모수량을 파악할 수 없습니다. 즉, 계속기록법에 의할 경우 실제재고조사를 하지 않기 때문에 재고감모수량을 파악할 수 없으며, 재고감모수량 만큼 기말재고수량이 과대평가된 것입니다. 반대로 실제재고조사법에 의할 경우 기말재고자산에 포함되지 않은 재고자산은 모두 판매된 것으로 보기 때문에 재고감모수량을 파악할 수 없습니다.

재 　철 : 와우. 그렇군요.

잘 알겠습니다.

이 대리님. 그런데 구매 시 출고단가를 결정하는 방법이

여러 가지가 있다고 들었는데, 말씀을 해 주시면 감사하
겠습니다.

이 대리 : 예. 알겠습니다.

이러한 재고자산 출고단가를 기록하는 방법에는 개별
법, 선입선출법, 후입선출법, 가중평균법, 소매재고법
(매출가격환원법) 등이 있습니다.

먼저 개별법에 대해서 말씀을 드릴게요.

개별법이란 상품별로 매입가격을 알 수 있도록 재고자
산에 가격표 등을 붙입니다. 이렇게 함으로써 매입가격
별로 판매된 것과 재고로 남은 것을 구별하여 매출원가
와 기말재고로 구분하는 방법입니다.

이러한 개별법은 원가흐름과 실제물량의 흐름이 일치하
기 때문에 이론상 가장 이상적인 방법입니다.

하지만, 재고자산의 종류와 수량이 많고 거래가 빈번
한 경우에는 실무에서 사용하기가 현실적으로 불가능
합니다.

따라서 개별법은 통상적으로 상호 교환될 수 없는 재고
자산 항목의 원가와 특정 프로젝트별로 생산되고 분리
되는 재화 또는 용역의 원가에 적용되는 방법이라고 볼
수 있습니다.

재　철 : 그렇군요.

이 대리 : 둘째로 선입선출법(FIFO)이란 실제물량의 흐름과는 관
계없이 먼저 취득한 자산이 먼저 판매된 것으로 가정하

여 매출원가와 기말재고로 구분하는 방법입니다. 따라서 매출원가는 먼저 구입한 상품의 원가로 구성되고, 기말재고는 최근에 구입한 상품의 원가로 구성됩니다.

따라서 물가상승이 이루어지는 인플레이션 상황에서 이 방법을 사용하게 되면 순이익이 많이 나옵니다.

은 경 : 그렇군요.

이 대리 : 셋째로 후입선출법(LIFO)이란 실제물량흐름과는 관계없이 가장 최근에 매입한 상품이 먼저 판매된 것으로 가정하여 매출원가와 기말재고로 구분하는 방법입니다. 따라서 매출원가는 최근에 구입한 상품의 원가로 구성되면, 기말재고는 전에 구입한 상품의 원가가 됩니다.

한국채택국제회계기준(K-IFRS)에서는 후입선출법을 허용하고 있지 않습니다.

넷째로 가중평균법이란 일정기간 동안의 재고자산원가를 평균한 평균단가로 판매가능상품원가를 매출원가와 기말재고에 배분하는 방법입니다. 가중평균법에 의할 경우에도 단가를 상품판매시마다 계속기록하는 이동평균법과 기말에 일괄하여 기록하는 총평균법이 있습니다. 이동평균법은 구입이 이루어질 때마다 가중평균단가를 구하고 상품출고 시마다 출고단가를 계속기록하는 방법입니다.

또한 총평균법은 일정기간 동안의 판매가능상품원가를 판매가능상품수량으로 나눈 단가로 매출원가와 기말재고에 배분하는 방법입니다. 따라서 기말에 가서야 평균 단가를 구할 수 있기 때문에 기중에는 상품 판매시마다 단가를 기록할 수 없습니다.

동 민 : 와 그렇군요.

재고자산 평가방법이 복잡하군요.

하지만 많을 것을 이해했습니다.

재 철 : 그런데, 이러한 방법 중 어떠한 것을 선택하느냐에 따라서 이익의 차이가 있을 것 같아요.

이 대리 : 맞아요.

일반적으로 물가가 상승하거나 또는 매입단가가 상승하는 상황에서 재고수량이 지속적으로 증가하는 경우에 각각의 단가결정방법에 따른 각 항목의 상대적 크기를 비교해 보면 이렇게 됩니다.

물가상승시 단가결정 방법의 차이 비교

1) 기말재고 : 선입선출법 > 이동평균법 ≥ 총평균법 > 후입선출법
2) 매출원가 : 선입선출법 < 이동평균법 ≤ 총평균법 < 후입선출법
3) 순이익 : 선입선출법 > 이동평균법 ≥ 총평균법 > 후입선출법
※ 한국채택국제회계기준(K-IFRS)에서는 후입선출법을 허용하고 있지 않습니다. 따라서 상장회사나 비상장 회사 중 한국채택국제회계기준(K-IFRS)을 적용하는 회사는 후입선출법을 허용하지 않습니다.

은　경 : 와우. 잘 알겠습니다.

　　　　앞으로 이익을 개선할 수 있는 방법 중 한 가지를 찾을

　　　　것 같아요.

이 대리 : 좀 복잡한 이론적인 얘기를 했습니다. 그런데, 열정적으

　　　　로 들어 주셔서 고맙습니다. 우리 회사의 미래가 보입

　　　　니다. 잠시 쉬었다가 재료감모손실이 발생한 경우 회계

　　　　처리에 대해서 말씀을 드릴까 합니다.

재　철 : 좋아요. 우리 커피 한잔해요.

이렇게 잠시 휴식을 취한 후 다시 함께 모였다.

이 대리 : 잘 쉬었지요.

　　　　이번에는 재료감모손실이 발생한 경우 회계처리에 대해

　　　　서 말씀을 드리겠습니다.

　　　　여기서 중요한 것은 생산에 투입된 재료비보다도 기말

　　　　재료재고액을 먼저 계상한다는 것입니다.

　　　　기말재고는 장부상 재고금액과 실제 재고금액이 일치해

　　　　야 합니다. 만일 차이가 발생하는 경우가 있는데, 이 차

　　　　이나는 부분이 부족할 경우 재료감모손실로 처리해야

　　　　합니다. 다시 말해, 계속기록법에 의한 장부재고수량과

　　　　실제재고조사법에 의한 기말재고 수량간의 차이를 재료

　　　　감모손실이라고 합니다. 즉, 재료감모손실은 보관하는

　　　　과정에서 파손, 마모, 도난, 분실, 증발 등으로 인하여

기말에 장부상의 재고수량보다 실제 재고수량이 적은 경우에 발생하는 것입니다.

재료감모손실은 원가성이 있으면(정상적인 마모 등) 정상감모손실로 보고 원가성이 없으면(분실, 파손 등) 비정상감모손실로 봅니다.

정상적이라면 매출원가(재료감모손실, 제조간접원가로 취급)에서 차감하는 것이고 비정상적으로 발생한다면 제품제조와 직접관련이 없으므로 영업외비용(재료감모손실)으로 처리 합니다.

동 민 : 그렇군요.

잘 들었습니다.

이 대리님. 재고자산을 기말에 평가도 하나요?

이 대리 : 예. 그렇습니다.

기말에 평가를 할 경우 저가법을 사용합니다.

저가법은 원가법(역사적원가)와 시가법(공정가치법)과 비교하여 낮은 금액으로 평가 하는 것을 말합니다.

재료평가손실은 제조원가에 산입하지 아니하고, 정상적인 경우에는 매출원가로 처리하며, 비정상적인 경우에는 영업외비용으로 처리합니다.

은 경 : 그렇군요.

잘 알겠습니다.

이 대리 : 재고자산에 대해서는 이 정도로 말씀을 드리도록 하겠습니다.

추가적으로 앞에서 잠깐 말씀을 드렸던 요소별 원가인 재료비, 노무비, 경비에 대해서 관리를 할 경우에는 원가를 추적할 수 있느냐 없느냐 여부에 따라서 직접원가 또는 간접원가(제조간접비)로 구분하는데, 주요재료비, 보조재료비, 부분품비, 소모공구기구비품비로 나누어 처리가 됩니다.

이 중 주요재료비와 부분품비는 직접재료비라고 하고 보조재료비와 소모공구기구비품비는 간접재료비라고 합니다. 그리고 노무비는 공장의 생산직에서 사용하는 용어로 임금, 제수당, 잡급, 퇴직급여를 말합니다.

노무비 중에도 생산공정에서 발생하는 경우는 직접노무비라고 하고, 생산관리팀 및 수선팀, 공정관리팀 등에서 발생하는 노무비는 간접노무비라고 합니다.

마지막으로 경비는 공장에서 발생하는 비용으로 복리후생비, 외주가공비, 전력비, 감가상각비, 보험료, 특허권사용료, 지급수수료, 교육훈련비, 지급임차료, 교육훈련비, 소모품비 등을 말합니다.

이 중에서 외주가공비, 보험료, 특허권사용료 등은 직접경비라고 하고 나머지는 간접경비라고 하는데, 이러한 간접경비를 제조간접비라고도 합니다.

은　경 : 아 그렇군요.

그동안 궁금했는데, 많은 것을 이해했습니다.

이 대리 : 여러분의 이해를 돕기 위해서 다음의 표를 보시지요.

제조원가명세서를 통해서 당기제품제조원가를 산출하게 되는데, 이렇게 산출된 당기제품제조원가가 진정한 생산원가라고 볼 수 있지요.

다시 말해 당기제품제조원가를 완성품 생산량으로 나누면 단위당 제품원가를 알 수 있습니다.

단위당 제품원가 = 당기제품제조원가/완성품 생산량

다음에서 볼 수 있듯이 제조원가명세서에서 당기제품제조원가를 먼저 구한 다음 손익계산서 매출원가로 연결이 되지요.

재　철 : 네 그렇군요.

제조원가명세서가 손익계산서보다 먼저 작성되는 이유를 알겠어요.

재료비, 당기총제조원가, 당기제품제조원가, 매출원가 산식

재료비 = 기초재료재고액 + 당기재료매입액 - 기말재료재고액

당기총제조원가 = 재료비 + 노무비 + 제조간접비

당기제품제조원가 = 당기총제조비용 + 기초재공품 - 기말재공품

매출원가 = 기초제품재고액 + 당기제품제조원가 - 기말제품재고액

제조원가명세서와 손익계산서 상관관계

제조원가명세서			손익계산서	
Ⅰ. 재료비			Ⅰ. 매 출 액	20,000
1. 기초재료재고액	2,000		Ⅱ. 매출 원가	16,000
2. 당기재료매입액	10,000		1. 기초제품재고액	5,000
계	12,000		2. 당기제품제조원가	17,000
3. 기말재료재고액	(3,000)	9,000	3. 기말제품재고액	6,000
Ⅱ. 노무비		5,000	Ⅲ. 매출총이익	4,000
Ⅲ. 경 비			Ⅳ. 판매비및일반관리리비	1,000
복리후생비	1,000		1. 급료	200
외주가공비	1,000		2. 접대비	100
감가상각비	2,000	4,000	3. 기타	700
Ⅳ. 당기총제조원가		18,000	Ⅴ. 영업이익	3,000
Ⅴ. 기초재공품		1,000	Ⅵ. 영업외수익	300
Ⅵ. 계		19,000	Ⅶ. 영업외비용	500
Ⅶ. 기말재공품		(2,000)	Ⅷ. 법인세비용차감전순이익	2,800
Ⅷ. 당기제품제조원가		17,000	Ⅸ. 법인세 비용 등	600
			Ⅹ. 당기순이익	2,200
			ⅩⅠ. 기타포괄손익	0
			ⅩⅡ. 총포괄손익	2,200

동　민 : 예, 이제야 이해가 되었습니다.

저는 그동안 각자 별도로 상호 관련 없이 작성되는 줄 알
았어요.

이 대리 : 제가 그랬지요. 회계. 원가는 흐름이 중요하다고!

모두 상호 연결이 되어 있어요.

제조회사는 앞에서 제조원가명세서를 먼저 작성하고 그

다음 손익계산서로 연결해서 작성한다고 말씀드렸습니다. 그러나 비제조회사는 매출원가 대신 상품원가 또는 매입원가라는 용어를 사용합니다.

즉 비제조회사는 제조원가명세서가 없습니다.

바로 매출액에서 상품원가 또는 매입원가를 공제하는 것입니다.

손익계산서(비제조)

Ⅰ. 매　출　액	20,000	
Ⅱ. 상품원가(매입원가)	<u>16,000</u>	
Ⅲ. 매 출 총 이 익	4,000	
－ 이하 생략 －		

※ 상품원가(매입원가)=기초상품재고액 + 당기상품매입액 – 기말상품재고액

재　철 : 아. 시원합니다.

그동안 보이지 않던 손익이 보이기 시작하네요.

진작 배울 걸 그랬어요.

엄청 어렵다고 지레 짐작 포기 했거든요.

손익구조를 알면 손익 개선 분서이 가능하겠네요.

이 대리 : 그럼요. 손익계산서를 통하여 수익성 분석이 가능해요.

수익성과 관련된 것은 재무제표 분석을 하면서 학습하기로 해요.

이번 시간은 손익계산서 구조만 먼저 이해를 하시구요.

재　철 : 알겠습니다.

이 대리 : 매출액에서 매출총이익을 차감하면 매출총이익 또는 매
　　　　　출총손실이 나옵니다.

> 매출액 – 매출원가 = 매출총이익(또는 매출총손실)

매출액에는 마진이 포함되어 있습니다.

마진(Margin)은 영업정책에 따라서 결정됩니다.

판매가격 정책은 프리미엄(고가)가격정책, 이코노믹(저
가)가격정책, Skimming 가격정책, 침투가격정책 등 부
가가치와 M/S지배력에 따라 결정됩니다.

매출총이익이 많이 나오면 수익성이 높다고 볼 수 있지
요. 참고로 2022년 한국은행 발표자료에 의하면 우리나
라 매출원가율은 77.8%입니다. 이는 매출총이익률이
22.2%와 같은 말입니다. 매출총이익률이 많이 나오면
좋겠지만 최소 20%이상 나오면 양호하다고 생각합니다.
업종별, 경쟁사별 비교를 하면서 우리 회사의 원가율이
높은지를 살펴 볼 필요가 있습니다.

동　민 : 그렇군요.

이러한 비교자료를 어디서 구할 수 있나요?

이 대리 : 네. 한국은행 'ㅇㅇㅇㅇ연도별 경영분석'을 검색하시면
　　　　　나옵니다.

전년도에 대한 실적을 매년 10월경에 pdf자료로 다운 받아 활용할 수 있습니다.

동 민 : 잘 알겠습니다.

한번 검색을 하여 보겠습니다.

이 대리 : 다음으로 매출총이익에서 판매비 및 일반관리비를 차감 하면 무엇이 나오나요?

매출총이익 - 판매비 및 일반관리비 = 영업이익(또는 영업손실)

재 철 : 영업이익 또는 영업손실입니다.

이 대리 : 맞습니다.

영업이익은 아주 중요합니다.

영업이익은 영업활동을 통해서 창출한 수익가치라고 봅 니다.

영업이익이 중요한 이유는 그 영업이익을 가지고 이자 도 변제하고, 법인세도 납부 하고, 주주에 대한 배당도 하고, 또한 우리 회사가 성장하기 위해서 투자도 해야 되기 때문입니다.

은 경 : 그렇군요.

영업이익이 왜 중요한지 알겠습니다.

이 대리 : 저는 영업이익에 대한 1차 책임은 영업팀과 생산팀에 있 다고 생각합니다.

물론 전 직원이 참여해서 창출해야 하겠지만, 직접적으로 영업팀은 영업극대화에 우선 힘써야 하고 생산팀은 비용 또는 원가절감 노력에 최선을 다해야 합니다.

재 철 : 그럼, 우리 영업팀에서 판매전략을 수립시 거래처별, 제품별, 상품별, 팀별로 영업이익관리가 가능한가요?

이 대리 : 네. 아주 중요한 질문을 해주셨네요.

거래처별, 제품별, 상품별, 팀별로 영업이익 관리가 가능하지만, 가급적 판매전략을 수립 시에는 영업이익보다는 공헌이익(또는 한계이익)으로 관리를 하는 것이 좋습니다.

다시 말해, 영업이익은 회사 전체적으로는 의미가 있지만, 제품별, 상품별, 사업장별로는 공헌이익이 중요합니다.

왜냐하면 공헌이익은 제품1단위를 판매함으로서 얻을 수 있는 이익을 계산할 수 있습니다.

영업이익은 제품1단위의 이익을 계산 할 수 없습니다.

동 민 : 공헌이익이 뭔가요?

이 대리 : 공헌이익은 매출액에서 변동비를 차감한 것을 말합니다.

공헌이익은 두 가지로 설명을 할 수 있는데, 하나는 고정비를 커버(Cover)하는데 공헌했다고 볼 수 있고, 또 다른 하나는 제품 1단위를 판매함으로써 얻을 수 있는 이익(률)을 말합니다.

따라서 회사 전체적인 측면에서 영업이익을 보는 것은

중요하지만, 거래처별, 제품별, 상품별, 팀별로 판매전
략을 수립 시는 공헌이익(률)으로 관리를 해야 합니다.
구체적인 개념과 전략수립 방법에 대해서는 제6장 원가
관리회계를 다룰 때 별도로 말씀을 드릴 겁니다.
공헌이익 관리는 아주 중요한 개념이라고 볼 수 있지요.

은 경 : 알겠습니다.

제품별, 상품별로 이익을 창출할 수 있는 방법이 있다니
기대가 됩니다.

이 대리 : 이어서 봅시다.

영업이익에 영업외수익을 가산하고 영업외비용을 차감
하면 법인세비용차감전순이익이라고 합니다.
이를 실무에서는 세전이익이라고도 합니다.

영업이익 + 영업외수익 − 영업외비용 = 법인세비용차감전순이익(또는 순손실)

영업외 수익은 기업의 주된 영업활동이 아닌 활동으로
부터 발생한 수익과 차익으로서 중단사업손익에 해당하
지 않는 것을 말합니다.
영업외수익은 손익계산서의 일부를 구성하는 항목으로
서, 한국채택국제회계기준(K-IFRS)에 따라 작성된 포
괄손익계산서에서는 '영업외수익' 대신 기타수익 및 금
융수익 등의 명칭으로 구분하여 표시합니다.

영업외수익에 포함되는 항목으로는 이자수익, 배당금수익(주식배당액 제외), 임대료, 단기투자자산처분이익, 단기투자자산평가이익, 외환차익, 외화환산이익, 지분법이익, 장기투자증권손상차손환입, 투자자산처분이익, 유형자산처분이익, 사채상환이익, 전기오류수정이익 등이 있습니다.

재　철 : 그렇군요.

예를 하나 들어주시면 좋겠습니다.

이 대리 : 가령, 회사에서 영업목적이 아니 투자 목적으로 다른 회사의 주식이나 채권을 취득하는 경우가 있습니다.

이때, 그로부터 발생할 수 있는 이자수익이나 배당금수익, 그밖에 투자자산처분수익 등은 기업의 주된 영업과는 관련이 없습니다.

따라서 이와 같은 수익은 영업외수익으로 표시합니다.

은　경 : 그렇군요.

이대리 : 영업외 비용에 대해서 말씀을 드릴게요.

영업외비용은 기업의 주된 영업활동이 아닌 활동으로부터 발생한 비용과 차손으로서 중단사업손익에 해당하지 않는 것을 말합니다.

손익계산서의 일부를 구성하는 항목으로서, 한국채택국제회계기준(K-IFRS)에 따라 작성된 손익계산서에서는 '영업외비용' 대신 기타비용 및 금융비용 등의 명칭으로 구분하여 표시합니다.

영업외비용에 포함되는 항목으로는 기부금, 이자비용, 기타의 대손상각비, 단기투자자산처분손실, 단기투자자산평가손실, 재고자산감모손실(비정상적으로 발생한 재고자산감모손실에 한함), 외환차손, 외화환산손실, 지분법손실, 장기투자증권손상차손, 투자자산처분손실, 유형자산처분손실, 사채상환손실, 전기오류수정손실 등이 있습니다.

동 민 : 질문 있습니다.

매출채권에 대하여 회수를 못한 경우는 대손처리를 하여 판매비 및 일반관리비로 처리하는 것으로 알고 있습니다. 말씀하신 과목 중 기타의 대손상각비가 영업외비용으로 들어가 있는데요.

왜 그런지 궁금합니다.

이 대리 : 와우.

그걸 어떻게 알았어요.

동 민 : 지난번 사외 교육 시 한번 들어서 알고 있습니다.

하하하 …

이 대리 : 좋습니다.

맞아요. 민일 영업활동에서 판매를 하고 회수를 하지 못할 것으로 예상되는 부실채권에 대해 회계 연도 말에 대손을 추정하여 회계 처리를 합니다.

대손회계 처리에 대해서는 제8장에서 구체적으로 말씀을 드릴 겁니다.

다만, 간단히 말해서 미리 비용을 인식하는 매출채권에 대한 대손상각비는 주된 영업활동으로 인해 발생하는 매출 관련 채권이기 때문에 판매비 및 일반관리비로 표시합니다.

하지만 빌려준 대여금과 같이 주된 영업활동이 아닌 활동과 관련하여 발생한 채권에 대한 대손상각비는 기타의 대손상각비로 영업외비용으로 표시합니다.

재 철 : 그렇군요.

잘 알겠습니다.

이 대리 : 이어서 법인세비용차감전순이익에서 법인세 등을 차감하면 당기순이익이 산출됩니다.

법인세비용차감전순이익 − 법인세 비용 등 = 당기순이익(또는 당기순손실)

주식회사와 같은 법인은 사업을 통하여 이익이 창출되면 그 소득에 대해서 법인세를 납부해야 합니다.

법인은 각 사업연도의 순손익을 기준으로 하여 과세소득금액을 계산하고, 이것에 법인세율을 곱하여 당기에 부담하여야 할 법인세액을 계산합니다.

법인세비용에는 주민세를 포함합니다.

좀 더 구체적인 것은 이와 같이 회계 상 결정조정을 통하여 세무조정(익금산입, 익금불산입, 손금산입, 손금불산입)을 통해서 소득금액을 계산하고, 이에 이월결손금, 비과세소득, 소득공제를 차감하면 과세표준이 나오는데, 이에 법인세율을 적용하여 납부합니다.

은 경 : 와우. 대단하십니다.

손익계산서가 어떻게 작성되는지 잘 알았습니다.

이 대리 : 네. 잘들 이해를 하셨지요.

영업직군에서 종사하시는 분들은 제조원가명세서와 손익계산서, 현금흐름표, 재무상태표를 직접 작성하는 것은 아니지만, 검토해서 해석을 할 수 있어야 합니다. 그래야 거래처에 대해서 건전성 관리차원에서 리스크 관리도 하고 손익관리를 할 수 있습니다.

재 철 : 네. 알겠습니다. 앞으로 거래처에 대해서 좀 더 확실히 볼 수 있을 것 같아요.

은 경 : 우리 오늘 많은 것을 배웠습니다.

오늘은 그만하고, 내일 현금흐름표를 학습해요.

이 대리 : 그럽시다.

수고들 했어요. 내일 뵈어요.

이렇게 모두가 흥미를 갖고 열심히 하고 있었다.

다음날 회의실로 다시 함께 모였다.

오늘도 기대됩니다.

현금흐름표가 중요하다는 인식은 하고 있었는데, 잘 모르고 있어서 이번 기회에 잘 배워야겠다고들 생각하고 있었다.

현금흐름표(C/F, Cash flow) 구조를 이해하자.

이 대리 : 어제 밤에 좋은 꿈들 꾸셨지요.

　　　　여러분들 얼굴을 보니 좋아 보여요.

은　경 : 이 대리님은 피곤하지 않으세요.

　　　　너무 열정적으로 강의를 해주시니 힘드시겠어요.

이 대리 : 네. 다소 힘은 들지만 여러분이 열심히 들어주셔서 엔돌 핀이 돌아 괜찮습니다.

　　　　오늘은 현금흐름표에 대하여 공부하기로 합시다.

동　민 : 좋습니다.

　　　　그동안 거래처의 현금흐름표를 잘 보고 싶었는데, 어떻게 이해를 해야 할지 잘 모르겠더라고요.

　　　　먼저 현금흐름표에 대하여 개념부터 설명을 하여 주시면 좋겠습니다.

이 대리 : 예. 알겠습니다.

　　　　현금흐름표란 일정 기간 동안 기업이 경영활동에서 발생하는 현금의 유입과 유출을 파악하기 위해 작성되는 일람표를 말합니다.

　　　　기업의 경영활동이란 영업활동, 투자활동, 재무활동을 말하는 것으로 실제 이러한 활동상에서 현금이 들어오고(유입, In put), 나가(유출, Out put)는 것이라고 보면 됩니다.

재　철 : 그렇군요.

현금흐름표와 손익계산서 작성 시 차이점이 있나요?

이 대리 : 네. 차이가 있습니다.

앞에서 배운 제조원가명세서와 손익계산서는 발생주의에 따라서 처리합니다.

다시 말해서 제조원가명세서와 손익계산서는 발생하기만 하면 현금이 지출이 되었든 지출이 되지 않았던 또한 입금이 되었던 입금이 되지 않았던 회계상 처리를 합니다.

그러나 현금흐름표는 발생주의가 아니라 현금주의라는 것입니다. 이는 현금이 실제로 유입 또는 유출이 발생되어야 하는 것입니다.

가령 예를 들면, 2023년 12월 인건비 발생분이 있었고, 이는 2024년 1월 10일 날 인건비가 실제 지급된다고 한다면 2023년 12월 제조원가명세서 또는 손익계산서상에는 비용의 발생으로 처리됩니다. 하지만, 현금흐름표상에는 2023년 12월에 반영되지 않고, 2024년 1월 10일 날 지급 시 현금유출로 반영됩니다.

또한 상품, 제품을 현금으로 판매하면 재무상태표(B/S)와 손익계산서(I/S) 그리고 현금흐름표(C/F)에는 반영됩니다.

그러나 현금이 아닌 외상으로 판매를 하게 되면 재무상태표(B/S)와 손익계산서(I/S)에는 반영되지만 현금흐름표(C/F)에는 반영되지 않습니다.

재　철 : 그렇군요.

영업활동과 투자활동, 재무활동 상에서 어떻게 나타나는
지 좀더 구체적으로 말씀을 해 주시지요?

이 대리 : 네, 알겠습니다.

우선 현금흐름표를 작성하는 방법에는 직접법과 간접법
이 있습니다.

직접법은 총 현금유입과 현금유출을 주요 항목별로 구
분하여 표시하는 방법입니다. 그리고 간접법은 당기순
손익에서 감가상각비와 같은 현금을 수반하지 않는 거
래 등을 조정하여 표시하는 방법입니다.

K-IFRS에서는 영업현금흐름의 경우 직접법이나 간접
법 중에 선택하여 작성하고, 투자활동현금흐름 및 재무
활동현금흐름은 직접법으로 작성하는 것을 원칙으로 하
고 있습니다. 또한, 이자와 배당금의 수취 및 지급, 법
인세로 인한 현금흐름의 정보는 항상 별도로 제공해야
합니다.

우리나라는 대체적으로 간접법을 많이 사용하고 있고,
우리 회사도 간접법을 사용하고 있습니다.

따라서 간접법을 중심으로 말씀을 드리겠습니다.

먼저 영업활동 현금흐름입니다.

영업활동의 현금흐름은 주로 기업의 수익창출활동, 즉
기업의 주된 영업활동에서 발생하는 것입니다.

결론적으로는 당기순이익에 따라서 지출이 없는 비용

(예를 들면, 감가상각비)과 수입이 없는 수익(예, 수입배당금)은 가감을 통해서 조정을 해줘야 합니다. 그리고 영업활동으로 인한 자산부채의 변동을 가감해주면 영업에서 창출된 현금흐름이 나옵니다!

동 민 : 영업활동으로 인한 현금흐름 중 현금의 지출이 없는 비용은 가산한다고 하셨는데, 이는 왜 그렇지요?

이 대리 : 다음의 현금흐름표를 보시기 바랍니다.

손익계산서와 현금흐름표 상관관계(간접법)

손익계산서		현금흐름표	
Ⅰ. 매출액	20,000	Ⅰ. 영업활동으로 인한 현금흐름	3,000
Ⅱ. 매출원가	16,000	1. 당기순이익	2,200
1. 기초제품재고액	5,000	2. 현금의 지출이 없는 비용가산	1,000
2. 당기제품제조원가	17,000	3. 현금의 수입 없는 수익차감	300
3. 기말제품재고액	6,000	4. 영업활동으로 인한 자산부채증감	100
Ⅲ. 매출총이익	4,000	Ⅱ. 투자 활동으로 인한 현금 흐름	1,000
Ⅳ. 판매비및일반관리리비	1,000	1. 투자활동으로 인한 현금 유입액	2,000
1. 급료	200	2. 투자활동으로 인한 현금 유출액	1,000
2. 집대비	100	Ⅲ. 재무 활동으로 인한 현금 흐름	(2,000)
3. 기타	700	1. 재무활동으로 인한 현금 유입액	1,000
Ⅴ. 영업이익	3,000	2. 재무활동으로 인한 현금 유출액	3,000
Ⅵ. 영업외수익	300	Ⅳ. 현금의 증가(Ⅰ+Ⅱ+Ⅲ)	2,000
Ⅶ. 영업외비용	500	Ⅴ. 기초 현금	1,000
Ⅷ. 법인세비용차감전순이익	2,800	Ⅵ. 기말 현금	3,000
Ⅸ. 법인세 비용 등	600		
Ⅹ. 당기순이익	2,200		

이 대 리 : 이는 앞에서도 언급하였습니다만, 현금의 지출이 없는
비용은 발생주의에 의하여 손익계산서상에는 반영하였
지만(예 감가상각비) 실제 지출은 되지 않았습니다. 이
는 실제로는 사내에 유보되어 있는 것입니다.

그렇기 때문에 현금흐름표 작성 시는 당기순이익에 가
산하여 주는 거여요.

이러한 계정과목에는 유형자산감가상각비, 무형자산상
각비, 대손상각비, 외환환산손실, 지분법손실, 단기매
매증권평가손실, 단기매매증권처분손실, 매도증권감액
손실, 유형자산처분손실, 사채상환손실, 유형자산감액
손실 등이 있습니다.

재 철 : 그렇군요.

현금의 수입이 없는 수익도 마찬가지 인거지요?.

이 대 리 : 그렇지요.

현금의 수입이 없는 수익은 발생주의에 의하여 손익계
산서상에는 반영하였지만 실제로 현금흐름으로 유입되
지 않았기 때문에 차감하여 주는 거여요.

이러한 계정과목에는 외환환산이익, 지분법이익, 단기
매매평가이익, 유형자산처이익, 투자자산처분이익, 사
채상환이익, 유형자산감액손실환입, 채무면제이익 등
이 있습니다.

은 경 : 그렇군요.

그럼 투자활동과 재무활동에서도 영업활동과 같이 유출

입이 나타내겠네요?

이 대리 : 맞아요.

투자활동에서도 현금유출입이 발생합니다.

투자활동에서는 기업이 투자 목적으로 운영하는 자산 및 영업에 사용하는 유형자산의 취득 및 처분과 관련한 현금의 유출, 유입을 말합니다.

기업은 성장하기 위해서 투자를 합니다. 투자활동은 현재 시점에서는 현금의 지출을 발생시키지만 장래에 더 큰 수익으로 인한 현금 유입을 창출합니다.

투자활동은 이와 같이 기업의 미래 현금흐름에 대한 유용한 정보를 제공합니다.

예를 들어, 투자활동현금흐름이 음수(-, 유출)인 경우는 현재 기존사업을 확장하거나 신규사업에 진출하는 등 더 많은 미래 수익을 창출하기 위한 투자활동이 이루어진다고 볼 수 있습니다.

반면 현재 투자활동현금흐름이 양수(+, 유입)일 경우, 투자활동보다는 기존의 토지, 기계장치, 차량, 공기구 비품 등 매각으로 인하여 현금 유입이 발생하는 것이기 때문에 미래 현금흐름의 증가를 기대하기 어렵다고 볼 수 있습니다.

또한 재무활동에서도 현금유출입이 발생합니다.

기업이 자본을 조달하고 상환하는 재무활동에서 발생하는 현금의 유입 및 유출을 말합니다. 다시 말해 차입금의 조달, 사채의 발행, 주식의 발행(유상증자), 자기주식의 처분 등을 통해 재무활동의 현금유입이 발생하며, 차입금 및 사채의 상환, 유상감자, 자기주식의 취득 등을 통해 현금의 유출이 발생합니다.

이와 같이 재무활동현금흐름은 미래 현금흐름에 대한 채권자와 주주의 청구권을 예측하는 데 유용한 정보를 제공합니다.

동　민 : 이제 재무제표 흐름이 보이기 시작해요.

어떻게 흘러가는지 이해가 됩니다.

은　경 : 속 시원합니다.

재　철 : 그런데 재무제표 기본 구조만 이해를 하였다고 해서 거래처에 대한 문제점을 발견할 수 있나요?

이 대리 : 물론. 그렇지는 않아요.

거래처의 문제점을 발견하고, 대책을 강구하기 위해서는 재무제표에 대하여 집중적으로 분석을 해야 합니다. 다시 말해, 여러분은 앞에서 배운 재무상태표, 손익계산서, 현금흐름표를 보고 분석할 수 있어야 거래처에 대해서 리스크 관리를 할 수 있을 겁니다.

동　민 : 그렇군요.

그럼 이제부터 재무제표 분석을 해 주실 거지요?

이 대리 : 오. 아니요.

지금까지 재무제표에 대한 개념 및 구조적인 내용은 제가 설명을 드렸는데, 아무래도 분석하는 부분에 대하여는 리스크 관리 전문가를 초빙하여 진행하는 것이 더 효율적 일 것 같아요.

제가 잘 아는 재무제표 전문 경영컨설턴트를 알고 있어요. 미리 사장님께 보고하였습니다.

내일부터는 저의 회사에 방문하시어 여러분과 함께 할 것입니다.

재　철 : 그렇군요.

그동안 어려운 회계 개념을 쉽게 이해 할 수 있도록 자세히 설명하여 주셔서 감사합니다.

동　민 : 이 대리님. 수고하셨습니다.

궁금한 점이 있으면 언제든지 여쭈어 보겠습니다.

이 대리 : 그럼요. 언제든지.

은　경 : 감사합니다.

우리 김 팀장이 오셨습니다.

김 팀장 : 다들 고생이 많으시군요.

오늘 점심은 제가 쏘겠습니다.

이렇게 점심을 먹기 위하여 맛있는 음식점으로 함께 출발을 하였다.

제4장

재무제표를 분석하면 거래처가 보인다

제4장

재무제표를 분석하면 거래처가 보인다

앞에서 회계 팀의 이대리가 재무제표 개념 및 기본적인 구조에 대하여 가르쳐 주었다. 지금부터는 전문 컨설턴트가 방문하여 함께 하기로 하였다.

리스크 관리를 위한 신용조사를 하다.

김 팀장 : 여러분 오늘부터는 경영전문가인 경영컨설턴트를 모시고 함께 하겠습니다.

이 위원님은 기업에서 실무 경험이 풍부하시고 교육기관 및 수많은 기업체에서 강의 및 경영컨설팅을 하시는 분으로 어렵게 저희 회사에서 모시게 되었습니다.

특히 거래처 리스크 관리차원에서 재무제표의 어떤 항목을 보고 분석을 해야 하는지, 그리고 손익관리 기법에 대해서 구체적으로 강의를 해 주실 겁니다.

여러분은 집중해서 잘 들어 주시기 바랍니다.

전문위원님 잘 부탁합니다.

이 위원 : 예. 안녕하세요.

여러분 회사에서 초빙을 해주셔서 영광으로 생각하고,

함께 유익한 시간이 되었으면 합니다.

재　철 : 어서 오십시오.

한번 뵙고 싶었는데, 만나뵈서 영광입니다.

이 위원님은 주로 어느 분야에서 실무 경험을 하셨나요?

이 위원 : 저는 직장생활을 22년, 경영교육 및 경영컨설턴트 20년

을 하였습니다.

회계 및 원가, 경영전략, 사업계획, 예산관리, 영업관리,

매출채권 관리, 사업소장, M&A, 신규사업검토 등 다양

한 실무 경험을 하였습니다.

그리고 사내강사로도 10년의 경험을 갖고 있습니다.

동　민 : 와. 대단하시군요.

웬만한 업무는 다 경험을 하셨군요.

그럼. 저희가 부족한 점을 해소 시켜 주실 수 있겠는데

요. 앞으로 강의가 기대됩니다.

이 위원 : 예. 기대해도 좋습니다.

제가 알고 있는 실무경험과 지식을 최선을 다해서 전수

하여 드리도록 하겠습니다.

여러분도 열심히 따라오셔야 합니다.

은　경 : 네. 알겠습니다.

많이 가르쳐 주십시오.

김 팀장 : 저도 오늘부터는 여러분과 함께 참여 하겠습니다.

먼저 저희 회사 경영 상황에 대하여 이 위원님에게 말 씀드리도록 하겠습니다.

금년에 우리 회사는 경영실적을 분석한 결과 전년대비 매출은 10% 감소하였는데, 매출채권은 20% 증가하였 고, 영업이익은 3%, 당기순이익은 1%로 나타나고 있는 실정입니다.

또한 지난달 거래처인 A사의 부도로 당사의 매출채권 3억 원이 회수가 불가능한 상황이 되었습니다.

부도가 발생한 A사의 재무상황은 부채비율이 300%, 이자보상배수가 0.8%, 영업손실 5억, 당기순손실 7억 이 발생되어 있습니다.

저희 영업팀에서는 판매 목표 달성에 급급하다보니 거 래처에 대한 재무상황을 제대로 살펴보지 못하고 거래 를 하여온 것이 큰 문제로 발생하게 되었습니다.

우리 회사는 대리점 등 다양한 판매 채널을 갖고 있습 니다.

거래처 중에는 B2C이외, B2B의 비중이 상당합니다.

따라서 거래처 재무제표를 꼼꼼히 살펴보고 거래를 했 어야 하는데 판매목표 달성에 급급하다보니 그렇지 못 하였습니다.

또한 재무제표에 대하여 잘 모르다보니 관심이 없었던

것도 사실입니다.

따라서 다음 달에 영업전략 회의를 통해 영업실적에 대한 부진사유와 이익개선방안, 거래처에 대한 리스크 관리 방안 등을 종합적으로 마련해서 보고를 하시라는 사장님의 말씀이 있었습니다.

그래서 구체적이고 체계적인 보고서를 작성해야 하는데, 이렇게 하기 위해서는 지금까지 하던 방식으로는 부족하다고 생각이 되었습니다.

그리하여 이번 기회에 거래처 리스크 관리 및 손익관리 기법을 알고자 위원님을 모시게 된 것입니다.

이 위원 : 그러셨군요.

그동안 영업실적 보고와 거래처 리스크 관리, 손익관리는 어떻게 하셨는지요?

김 팀장 : 주로 판매실적, 활동실적 등 계획대비 실적관리는 하고 있습니다.

하지만 거래처 리스크 관리를 위해서 Cretop, NICE BizLINE, ecredible등 신용관리 프로그램을 사용하고 있으나, 특히 재무제표에 대해서 어떻게 봐야 할지를 잘 몰라서 분석을 하지 않았고 또한 손익관리도 영업이익에 촛점을 맞추어 관리를 했습니다.

이 위원 : 그랬군요.

지금부터라도 회계와 원가관리회계를 배워서 이를 업무에 충분히 활용하도록 하시는 것이 좋습니다.

거래처 리스크 관리를 위해서는 정성적(비재무) 뿐만
아니라 정량적(재무제표) 분석을 하면서 관리를 해야
합니다.

특히, 정량적 분석인 재무제표 분석을 통해서 리스크
관리와 원가관리회계를 통해서 손익관리를 해야 하는
데, 이에 대한 구체적인 내용들에 대해서 말씀을 드리
도록 하겠습니다.

재　철 : 와우. 기대가 됩니다.

지난주에 저의 회사 회계 팀에 근무하는 이대리로부터
재무제표의 기본 구조에 대해서 교육을 받았습니다.

이 위원 : 그렇군요.

그렇다면 여러분은 재무제표에 대해서 기본적인 구조에
대해서 이해를 했다고 보고, 저는 거래처 리스크 관리
를 위해서 재무제표를 어떻게 활용을 할 것인가, 그리
고 신용조사를 통하여 여신관리를 어떻게 할 것인가,
공헌이익 관리를 통해서 손익관리를 어떻게 할 것인가
등에 대해서 말씀을 드리도록 하겠습니다.

마지막으로는 대손회계처리 및 대손요건과 증빙을 갖추
는 요령 등에 대해서 구체적으로 말씀을 드리도록 하겠
습니다.

아마도 많은 도움이 될 거라고 확신을 합니다.

은　경 : 네. 좋습니다.

아주 기대가 됩니다.

이 위원 : 좋아요. 기대를 하셔도 됩니다.

　　　　 메모를 하면서 들으면 좋을 겁니다.

동　민 : 위원님.

　　　　 먼저 거래처에 대해서 신용조사 시 주로 무엇을 위주로
　　　　 조사를 해야 되는지 말씀을 해주셨으면 합니다.

이 위원 : 좋습니다.

　　　　 만일 영업팀에서 B2C, B2B 거래처와 거래를 하기 위
　　　　 해 신용조사를 할 것입니다.

　　　　 그렇다면. 거래처에 대한 신용조사는 정성적 조사와 정
　　　　 량적 조사를 나누어서 조사를 해야 합니다.

　　　　 B2C 거래처는 정성적 위주로 조사를 합니다.

　　　　 정성적 조사는 비재무적 요인에 대해서 조사를 하는 것
　　　　 으로 경영능력은 있는지, 영업능력은 있는지, 재산능력
　　　　 은 있는지, 담보제공 능력은 있는지, 기타 회사 분위기
　　　　 등을 조사하는 것입니다.

　　　　 그러나 B2B 거래처는 정성적 조사와 더불어 정량적 조
　　　　 사를 병행해야 합니다.

　　　　 정량적 조사는 재무제표를 중심으로 단기적 지급능력은
　　　　 있는지, 장기적 지급능력은 있는지, 이자지급 능력은
　　　　 있는지, 매출은 투자 규모에 비해서 적정하게 성과를
　　　　 내고 있는지, 회사가 큰 문제 없이 생존할 수 있는 이익
　　　　 을 내고 있는지, 지나치게 과잉투자는 하고 있는지 등
　　　　 을 조사하고 분석을 해야 합니다.

이와 같이 기본적인 재무제표에 대해서 알고 있으면 앞에서 말씀드린 내용에 대해서 분석을 할 수 있고, 리스크 관리를 위한 의사결정을 할 수 있습니다.

재무제표를 알면, 거래처에 대하여 리스크 관리를 더욱 잘 할 수 있습니다.

그리고 원가관리회계를 다룰 수 있다면 손익을 개선할 수 있는 다양한 기법을 찾아 낼 수 있습니다.

아마도, 재무제표와 원가관리회계를 이해하고 다룰 수 있다면 의사결정시 많은 도움이 될 것입니다.

기업의 언어는 회계라는 말이 있습니다.

재무제표와 원가관리회계는 이를 전문적으로 다루는 재경 팀에서 근무하는 직원이 아니더라도, 사업을 하든, 기획팀, 영업팀, 생산 팀 등 그 외 팀에서 근무하는 전 직원들도 필수적으로 알아야 할 분야입니다.

동 민 : 그렇군요.

앞으로 열심히 공부를 하겠습니다.

위원님.

회계와 원가 및 매출채권의 중요성 등이 왜 필요한지에 대해서도 설명을 해주시면 좋겠습니다.

이 위원 : 예. 알겠습니다.

회계와 원가 및 매출채권의 관리가 왜 필요한지 말씀드리겠습니다.

먼저 판매를 하면 반드시 판매대금을 회수하여야 하는

데, 회수를 하지 못하면 매출채권이 재무제표에 나타나게 됩니다.

가령, A라는 회사에서 매출액이 10억이고, 당기순이익률이 1%라고 하면 1천만 원의 순이익이 발생할 것입니다. 그런데 1천만 원을 회수하지 못하고 대손처리를 할 경우 당기순이익은 0(Zero)이 됩니다.

또한 매출액이 100억 원이라고 가정을 한다면, 매출액 중 1억 원을 회수하지 못하고 대손처리를 할 경우는 역시 당기순이익은 0(Zero)이 됩니다.

이와 같이 매출액과 매출채권이 재무제표에 나타나게 되고, 회수하지 못하고 대손처리 한다면 또한 재무제표에 반영됩니다.

이와 같이 재무제표의 손익계산서상에서는 이익이 발생하였다하더라도 판매대금을 회수 하지 못하고 대손처리 한다면 유동성 문제로 흑자부도가 날 수 있습니다.

따라서 매출채권의 회수 중요성을 인식하고, 매출채권 비중관리와 매출채권회전율을 검토하여 전년대비, 계획대비, 동종업종과 비교하면서 관리를 해야 합니다.

재　철 : 그렇군요.

이 위원 : 그리고 또한 여러분들은 회사를 대표하여 거래처를 방문하게 될 것입니다. 아마도 판매를 하기 위한 계약 체결 목적이 우선이겠지요.

이때, 법인거래처(합명회사, 합자회사, 유한회사, 유한

책임회사, 주식회사)와 판매계약을 체결하면서 계약조건을 정할 것입니다.

이 중 대부분 주식회사와 거래가 많습니다. 법인거래처와 단발성이 아닌 장기계약을 할 경우는 판매를 하는 것도 중요하지만, 판매대금을 회수하는 것도 또한 중요합니다.

따라서 신용조사를 통해서 판매대금에 대한 변제능력이 있는지, 변제의사는 있는지를 철저하게 파악해야 합니다.

이때 법인거래처에 대한 재무제표 분석을 통해서 유동성, 안정성, 수익성, 성장성, 활동성, 생산성을 분석하게 됩니다.

재무제표를 보면 분석항목이 아주 많습니다.

하지만 영업사원들이 이를 전부 알기에는 어려움이 있을 수 있습니다.

그러나 이 중에서 최소한 6가지는 반드시 이해하고 체크를 해야 합니다.

가령, 단기지급능력은 있는지, 장기지급능력은 있는지, 이자지급능력은 있는지, 기업세전이익은 타인자본비용에 비해서 충분히 나오는지, 지나친 과잉투자는 하고 있지는 않는지, 감사보고서는 적정의견을 받았는지 등을 확인 하면서 거래를 해야 합니다.

은 경 : 그렇군요.

그럼, 이렇게 조사를 해서 어떻게 활용을 해야 아나요?

이 위원 : 아주 좋은 질문입니다.

이렇게 정성적, 정량적으로 검토를 해서 거래처별로 건전성 기준을 만들어 리스크 관리를 해야 합니다.

건전성 관리는 모든 거래처를 정상, 관찰, 요주의, 회수의문, 사고 등으로 구분하여 여신관리를 하는 것입니다.

물론 회사에 따라서는 별도의 건전성 관리기준을 만들어서 활용을 할 필요가 있습니다.

여신관리는 기업의 가치를 극대화하고자 하는 데 목적이 있습니다.

다시 말해, 건전성 관리를 통해서 우량거래처를 발굴해야만, 안정적으로 판매를 할 수 있고 이익도 안정적으로 낼 수 있고 영업현금흐름도 안정적으로 만들어 낼 수 있습니다.

이렇게 해야만 기업가치를 극대화 시킬 수 있는 것입니다.

은　경 : 그렇군요.

이 위원 : 그리고 원가관리회계를 알면 비용과 수익 구조분석을 통해서 손익분기점 분석과 판매전략, 이익개선기법, 업적평가 등을 할 수 있습니다.

또한 영업사원들이 거래처에 견적서를 제출시 공헌이익 계산서 형식으로 마진(Margin)을 알 수 있는 견적원가를 작성해야 합니다.

이러한 공헌이익(또는 한계이익)을 알면 제품별 판매전략과 수주 시 쉽게 의사결정을 할 수 있습니다.

이외에도 목표이익, 목표 매출, 판매단가 책정, 외주 또는 자가제조 할 것인가를 검토할 수 있고, 특별 주문 시 의사 결정, 적자 사업부 유지 또는 폐지 시 판단할 수 있고, 이외에도 다양한 의사결정을 할 수 있습니다.

재 철 : 와우. 그렇군요.

지금 말씀하신 것들이 우리 영업팀에서 알아야 할 내용들인 것 같습니다.

회계와 원가를 알면 다양한 분석이 가능하겠네요.

이 위원 : 맞습니다.

지금부터 말씀드린 내용 중 하나하나 설명을 드릴게요.
먼저, 거래처에 대한 재무제표를 분석하는 요령부터 말씀을 드리겠습니다.

거래처에 대한 재무제표를 검색한다.

동 민 : 이 위원님, 거래처에 대한 재무제표 자료를 어떻게 확보해야 하나요?

이 위원 : 좋아요.

우선 거래선에 대한 재무제표를 확보하는 것이 중요한데, 금융감독원 전자공시시스템(www.dart.fss.or.kr)에서 무료로 자료를 확보할 수 있습니다.

전자공시시스템에 들어가면 바로 재무제표가 있습니다.

이 자료를 가지고 활용하면 됩니다.

전자공시시스템에서 확인할 수 있는 거래처는 다음과 같은 회사입니다.

다시 말해, 전자공시시스템에서 볼 수 있는 자료는 '주식회사 등의 외부회계감사 등에 관한 법률'에 의하여 다음의 기준이 되는 회사를 볼 수 있습니다.

① 상장회사

② 직전사업년도 자산규모가 500억 이상인 기업

③ 위 ②호가 충족되지 않으면 직전사업년도 매출규모가 500억 이상인 기업

④ 위 조건에 부합하지 않으면 다음의 조건 중 2개이상 해당되는 기업

  ⓐ 직전사업년도 자산규모가 120억 이상인 회사

  ⓑ 부채 70억 이상인 회사

  ⓒ 직전사업년도 매출규모 100억 이상

  ⓓ 종업원 수 100명 이상

위 조건에 해당되지 않으면 전자공시시스템에서는 볼 수 없습니다.

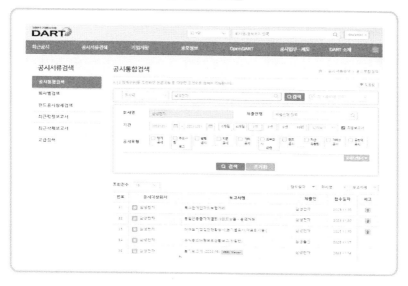

동　민 : 그럼, 어디서 볼 수 있나요.

이 위원 : 네, 만일, 위 전자공시시스템에서 얻고자 하는 업체에
　　　　대한 자료가 없으면 Cretop, NICE BizLINE, ecredible
　　　　등에서 확인할 수 있는데, 유료로 사용하셔야 합니다.

김 팀장 : 그렇군요.

　　　　저의 회사는 Cretop과 NICE BizLINE을 보고 있습니
　　　　다. 다만, 제대로 활용을 하지 못하고 있습니다.

　　　　규모가 작은 소상공인 또는 중소기업 중 일부 업체는
　　　　위에서 말씀하신 대로 크레탑이나 나이스비즈라인, 이
　　　　크레더블 등에서 확인을 해야 한다는 말씀이군요.

이 위원 : 네. 맞습니다.

그럼 지금부터 재무제표를 보고 리스크를 관리해야 할 항목 위주로 분석을 하고자 합니다.

특히 영업사원들이 반드시 알아야 할 재무제표 분석 내용을 중심으로 말씀을 드리겠습니다.

재　철 : 예. 알겠습니다.

우리 잠시 쉬었다가 해요.

이 위원 : 좋습니다.

모두들 커피를 한잔씩 마시면서 잠시 휴식을 취하였다.

잠시 후 다시 강의장에 모였다.

재무상태표(B/S)를 분석하자.

이 위원 : 우선 자료를 봅시다.

다음 자료는 한국기업(주)의 재무상태표입니다. 이 자료는 2022년 한국은행이 발표한 기업경영분석 자료를 바탕으로 작성 하였습니다.

제가 오기 전에 회계 팀의 이 대리를 통하여 회계 개념에 대하여 학습을 하셨다고 하셨지요.

자! 여러분 재무상태표에 대한 개념을 누가 말씀해 보세요.

재　철 : 제가 말씀드리겠습니다.

재무상태표는 기업의 일정시점에서 재무상태 및 신용상

태를 나타내는 일람표입니다.

재무상태표는 차변에 자산과 대변에 부채와 자본으로 구성되어 있습니다.

이를 대차평균의 원리라고 합니다.

이 위원 : 와우. 잘 맞추었습니다.

자산은 유동자산과 비유동자산으로 나누어지는데, 유동자산보다 비유동자산이 많을수록 영업위험이 크게 나타날 수 있습니다.

비유동자산은 주로 설비자산이 많이 차지하게 되는데, 이익과 규모의 영업력을 키우려면 비유동자산에 많은 투자를 하게 됩니다.

따라서 경기가 좋아 판매가 잘 될 때는 비유동자산의 규모의 투자는 아주 바람직하다고 볼 수 있으나, 만약에 불황기가 되어 판매가 감소 될 때는 비유동자산에 대한 투자부담은 영업위험으로 나타나게 됩니다.

은 경 : 그렇군요.

투자를 많이 하면 자금이 많이 들어가겠네요?

이 위원 : 그렇습니다.

자본조달과 관련된 항목은 부채와 자본으로 나타나지요. 부채와 자본의 사용은 재무위험과 관련되어 있습니다. 다만, 자기자본을 타인자본(부채)보다 많이 사용할수록 재무 위험은 적게 나타납니다. 왜냐하면 자기자본은 원금상환을 하지 않아도 되나 부채는 원금상환도 해야 하고, 이자도 지급해야 하기 때문입니다.

따라서 부채를 적절히 사용하는 것은 레버리지 효과 때문에 바람직하나 지나치게 타인자본에 의존하면 재무위험은 크게 나타 날 수 있습니다.

재무상태표(B/S)

한국기업(주) (2022년 12. 31) (단위 : %)

차 변	구성비(%)	대 변	구성비(%)
I. 유동자산	43	I. 유동부채	31
1. 당좌자산	29	매입채무	6
현금및현금성자산	7	단기차입금	9
매출채권	10	유동성장기부채	4
2. 재고자산	13	기타유동부채	12
상품및제품	4	II. 비유동부채	24
원재료	5	회사채	5
II. 비유동자산	57	장기차입금	12
1. 투자자산	18	기타비유동부채	6
2. 유형자산	31	I. 자본금	10
토지	10	II. 자본잉여금	11
건물, 구축물	8	III. 자본조정	-2
3. 무형자산	3	IV. 기타포괄손익누계액	2
4. 기타비유동자산	4	V. 이익잉여금	24
총 자 산	100	총 자 본	100

재 철 : 만일, 부채에 대하여 원금상환과 이자를 변제하지 아니하면 어떠한 상황에 놓이게 되나요?

이 위원 : 아주 중요한 질문입니다.

최악의 경우 회사는 부도가 날수 있습니다. 부도가 나

면 법률적으로 "지급정지"라고 하지요. 부도가 나면 2년 동안 금융기관과 당좌거래를 하지 못합니다.

사실상 더 이상 기업은 운명의 기로에 놓이게 되지요. 경영자는 많은 고민을 하게 됩니다.

어느 경영자는 폐업 또는 부도를 내고, 야반도주를 하는 경우도 있습니다.

그 이후에 바지사장을 내세워 새로운 법인을 설립하여 경영을 하는 경우도 있습니다.

또한 어떤 기업은 자율협약, 워크아웃, 회생절차(법정관리), 파산 등을 신청하기도 합니다. 물론 이 과정에서 어떤 기업은 M&A가 일어날 수도 있습니다.

김 팀장 : 그렇군요.

그렇다면 영업팀에서 리스크 관리를 위해서는 재무상태표를 통하여 알 수 있는 정보가 어떠한 것이 있는지 구체적으로 설명을 부탁드립니다.

이 위원 : 알겠습니다.

앞에서 말씀을 드렸습니다만, 우선 재무상태표를 통하여 유동성 분석을 할 수 있습니다.

유동성분석은 단지지급능력을 알기 위한 분석으로서 실무에서 주로 유동비율과 당좌비율 분석을 합니다.

두 번째로 레버리지분석으로 타인자본의 의존도에 대한 안정성 분석을 할 수 있는데, 부채비율 분석을 말합니다. 부채비율을 보면 장기지급능력을 알 수 있습니다.

세 번째로 자본배분의 안정성 분석으로 비유동비율 분석과 비유동장기적합율에 대한 분석을 합니다.

비유동비율과 비유동장기적합율을 보면 투자 여력이 있는지 알 수 있습니다.

네 번째는 기업세전이익률에 대한 분석을 합니다.

기업세전이익은 타인자본비용에 비해서 기업세전이익이 충분히 나오는지를 봅니다.

다섯 번째는 총자본회전율을 분석합니다.

총자본회전율은 총자본 대비 매출액이 얼마나 하는지를 봅니다. 첫 번째와 세 번째 까지는 바로 말씀을 드리겠지만 네 번째인 기업세전이익률과 다섯 번째인 총자본회전율은 손익계산서 분석을 하면서 자세히 말씀을 드리도록 하겠습니다.

여섯 번째는 회계 감사의견이 적정의견인지를 검토합니다.

감사의견은 4가지가 있는데, 적정의견, 한정의견, 부적정의견, 의견거절이 있습니다.

당연히 적정의견을 받은 거래처와 거래를 해야겠지요. 이외에도 자산에 대한 구성비 등을 분석 합니다.

예를 들어 총자산에 대한 매출채권은 어느 정도인지, 재고자산은 어느 정도인지 등을 알아보는 것으로 산업평균과 비교하면서 분석을 합니다.

재　철 : 그렇군요.

지금 말씀하신 내용들이 우리 영업사원들이 반드시 알아

야 할 내용들이군요.

그렇다면, 좀 더 각각의 경우에 대해 알기 쉽게 분석을 하여 주셨으면 합니다.

이 위원 : 알겠습니다.

우선 유동비율부터 말씀을 드릴게요.

유동비율은 (유동자산/유동부채) × 100으로 계산됩니다.

유동비율 = (유동자산 /유동부채) x 100

※ 유동비율은 높을수록 좋다. 통상적으로 표준비율은 200%이다.

유동비율은 단기 채무 지급능력을 나타내는 것으로 단기자산을 활용하여 단기부채를 감당할 수 있는 능력을 평가하는 지표입니다.

"한국은행 2022년 기업경영분석"자료에 의하면 우리나라의 유동비율은 139.06%를 보이고 있습니다. 최소 150%정도는 되야 된다고 보는데, 다소 유동성이 미흡하다고 볼 수 있습니다. 유동비율은 200%이상이 표준이며 2대 1의 원칙(two to one rule)이라고 합니다.

이 비율은 높으면 높을수록 양호합니다.

유동비율은 기업이 보유하는 지급능력, 또는 그 신용능력을 판단하기 위하여 사용하는 것으로 리스크 관점에서는 가장 중요합니다.

이 비율은 은행이 기업에 대한 신용수여의 관점에서 중요시하기 때문에 은행가 비율(banker's ratio)이라고도 합니다.

기업의 경영자는 재무유동성의 확보가 매우 중요하므로 이 비율에 언제나 주목해서 관리를 해야 합니다.

따라서 기업의 입장에서는 기업자본의 수익성을 최소 유지시키는 한도 내에서 유동비율이 커지도록 노력을 해야 합니다.

동　민 : 제가 우리 회사 자료를 가지고 분석하여 보니 유동비율이 90%나오는데, 이는 유동성이 그리 좋지 않다는 말씀이군요.

이 위원 : 그렇습니다.

　　　　90% 정도면 양호하다고 볼 수 없지요. 좀 더 유동성을 높이는 노력이 필요합니다.

은　경 : 이 위원님.

　　　　그러면, 유동성을 높이기 위해서는 어떻게 하여야 합니까.

이 위원 : 예. 유동성을 살펴보기 위해서는 당좌비율도 함께 검토해 보아야 합니다.

　　　　당좌비율은 (당좌자산/유동부채) × 100으로 계산됩니다.

당좌비율 = (당좌자산 /유동부채) × 100

※ 당좌비율은 높을수록 좋다. 통상적으로 표준비율은 100% 이상이다.

"한국은행 2022년 기업경영분석"자료에 의하면 한국기업(주)의 당좌비율은 94.85%를 보이고 있습니다.

당좌비율은 100% 이상이면 좋다고 하고 있으나, 한국기업은 현실적으로 95%정도입니다.

이는 산성시험비율이라고도 하는데, 현금 · 예금 · 매출채권, 시장성 있는 유가증권 등으로 구성된 당좌자산 합계액을, 외상매입금 · 단기차입금 등의 유동부채 합계액으로 나누어서 얻는 비율입니다.

당좌자산은 화폐적 자산으로 지체 없이 부채에 대한 지불수단이 될 수 있기 때문입니다.

동 민 : 우리 회사는 당좌비율이 120%로 계산이 나오는 데요.

이 위원 : 그렇군요.

그렇다면 당좌비율은 아주 양호하다고 볼 수 있네요.

하지만, 여기서 만족하면 안 됩니다.

반드시 유동성 분석을 할 경우는 유동비율과 당좌비율을 비교하면서 검토하여야할 부분이 있습니다.

재 철 : 그게 무엇이어요.

이 위원 : 한번 맞추어 보세요.

잠시 여러분들끼리 의견을 주고받으면서 고민을 하여 보세요.

지금 여러분 회사는 유동비율은 90%이고, 당좌비율은 120%라고 했지요.

동 민 : 네.

이 위원 : 그렇다면 분명히 유동자산에 대한 관리문제가 무엇인가 문제가 있다는 걸 발견할 수 있어야 해요.

은 경 : 음. 뭐가 문제지!

재 철 : 매출채권이 문제이지 않나요.

이 위원 : 예 맞아요.

　　　하나 더 있어요.

동 민 : 아. 재고자산입니다.

이 위원 : 좋아요. 그렇습니다. 유동자산에는 매출채권과 재고자산이 항상 중요한 관리 항목 중 하나여요.

만약에, 유동비율이 높고 당좌비율이 낮다면 이는 재고자산이 많다는 것이고, 이와 반대로 유동비율은 낮으나 당좌비율이 높다면, 이는 매출채권 비중이 높다는 것이어요. 그렇다면 현재 여러분 회사는 유동비율은 낮고, 당좌비율은 높은 상태이잖아요. 무엇이 문제인가요.

재 철 : 예 알았어요.

바로 매출채권이 너무 많다는 것이 문제네요. 작년 년말 기준으로 우리 회사는 매출채권 비중이 매출액 대비 20%를 차지하고 있어요.

이 위원 : 맞아요.

매출채권은 년말시점 기준으로 볼 때 매출액대비 10% ~15% 내외에서 관리 되어야 합니다. "한국은행 2022년 기업경영분석"자료에 의하면 한국기업(주)는 매출액 대비 매출 채권비중이 13.16%를 차지하고 있습니다.

여러분 회사는 20%를 차지하고 있기 때문에 다소 높게 나타나고 있어 유동성관리에 문제가 있다고 볼 수 있습니다. 따라서 매출채권 관리 및 회수 노력에 좀더 구체적인 대책을 강구하여야 하겠습니다.

김 팀장 : 그렇군요.

어떠한 좋은 방법이 있나요?

이 위원 : 예. 여러 가지의 방법이 있습니다.

우선 매출채권의 비중 관리를 하세요. 다시 말해, 미회수 채권을 기간별로 분석표를 만들어서 회수대책을 강구해야 합니다. 그리고 이렇게 관리를 하면서 전년대비 증감(율)을 비교하면서 관리를 하면 좋습니다.

또한 전체 미회수 채권 중에서 3개월 이하 채권이 80% 이상으로 관리돼야 합니다. 3개월 초과 채권이 늘어날수록 부실채권이 많다고 볼 수 있습니다.

부실채권이 많은 경우는 채권회수 팀을 별도로 운영한다든지, 채권회수 T.F.T 팀을 운영한다든지, 수금목표 관리를 한다든지 등 매출채권 회수전략을 강구해서 매출채권 비중을 낮추도록 노력을 해야 합니다.

동 민 : 그렇군요. 이렇게 관리를 하면 확실히 집중해서 관리를 할 수 있겠네요.

이 위원 : 맞습니다. 이렇게 관리를 하면, 집중적으로 관리가 가능합니다. 어느 부문에서 문제가 있고, 문제가 있다면 좀더 효율적으로 방법을 찾아서 관리를 할 수 있습니다.

김 팀장 : 잘 알겠습니다.

앞으로 반드시 잘 관리 하도록 하겠습니다.

이 위원 : 그리고 재고자산도 중요합니다.

상품, 제품의 판매가 저조하면 또한 재고문제가 생깁니다. 다시 말해, 판매되지 않고 재고가 쌓이게 되면 당연히 유동성 문제가 생깁니다.

따라서 판매가 잘 될 수 있도록 영업전략, 마케팅전략을 잘 수립하여 시행해야겠지요.

그런데 여기서, 중요한 것 한 가지 알고 가야 할 것이 있습니다.

만일, 기말에 상품 또는 제품 등 재고자산이 쌓이게 되면 손익계산서상 매출총이익이 늘어나고 반대로 기말에 재고자산이 줄어들게 되면 매출총이익이 줄어든다는 사실 입니다. 그렇다고 매출총이익을 많이 나타내기 위하여 재고를 많이 갖고 있으면 되겠구나 하고 생각하면 아니 됩니다.

왜냐하면 판매가 되지 않은 상태에서 재고를 많이 갖고 있게 되면, 매출이 저조하게 되기 때문입니다.

다시 말해, 매출이 저조하면 매출원가 부담은 높게 나타나게 되어 결국 매출총이익이 적게 나타나게 되어 있습니다.

따라서 재고 관리는 적정한 재고관리가 중요한 것입니다.

김 팀장 : 이 위원님 말씀을 들으니까 무엇이 문제고, 어떠한 것을

잘 관리해야 하는지 관리항목이 눈에 들어옵니다.

앞으로 잘 관리하겠습니다.

재　철 : 두 번째로 레버리지분석으로 타인자본의 의존도에 대한 안정성 분석을 할 수 있다고 하시면서, 부채비율 분석을 말씀하셨습니다.

부채비율에 대하여 구체적으로 말씀해 주시면 합니다.

이 위원 : 예. 알겠습니다.

너무들 급하시네요.

한숨 고르고 말씀 드리겠습니다.

동　민 : 제가 커피 한 잔 가져 오겠습니다.

이 위원 : 감사합니다.

커피 한잔을 먹으니 엔돌핀이 확 도네요.

여러분들이 정말 열심히 듣고 질문을 하니까. 저도 열정이 생깁니다.

그러면 안정성 분석에 해당되는 부채비율에 대하여 말씀드리겠습니다.

부채비율은 눈사람이라고 생각을 하세요.

눈사람은 크게 분모라는 덩어리와 분자라는 덩어리로 나뉩니다.

분모가 커서 안정적이면 쓰러지지 않을 것이고, 반대로 분자가 크면 불안하여 쓰러질 것입니다.

이 경우 분모를 자기자본으로 비유하고, 분자를 부채로 비유하여 생각을 하시면 됩니다.

부채비율 = (부채/자기자본) × 100

※ 부채비율은 낮을수록 재무적 안정성이 있다. 표준비율은 100%이하 이다.

"한국은행 2022년 기업경영분석"자료에 의하면 한국기업(주)는 부채비율이 122.33%를 보이고 있습니다.

부채비율은 100% 이하이면 좋다고 하고 있습니다.

이 비율이 높을수록 재무구조가 불건전하므로 지불능력이 문제가 됩니다.

유동비율이 단기적 지급능력을 보는 것 이라면, 부채비율은 장기적 지급능력이 있는지를 보는 것으로 재무위험에 대한 안정성을 측정하는 대표적인 지표로 활용됩니다. 이러한 안정성비율은 부채비율 이외에도 차입금의존도, 비유동비율, 비유동장기적합율 등이 있습니다.

안정성비율의 보조지표로서 차입금 의존도를 살펴보는 것도 중요합니다.

차입금의존도는 총자본(부채 및 자본 합계)에서 차지하는 차입금비중을 백분율로 표시한 재무지표로 장·단기 차입금과 기타차입금, 회사채 등을 합한 값을 총자본으로 나누어 100을 곱해 산출합니다.

일반적으로 차입금의존도는 30%정도 이하에서 유지 관리 되는 것이 중요합니다. 30%이상이면 금융비용이 높다고 볼 수 있습니다.

참고로 "한국은행 2022년 기업경영분석"자료에 의하면 우리나라의 제조업체들의 차입금의존도는 평균 31.28%로 나타나고 있습니다.

여러분 회사는 부채비율이 300%라고 하였으니까, 다소 높게 나타나고 있다고 볼 수 있는데요. 반드시 동종업계 및 경쟁사와 비교하여서 높은지, 낮은지를 판단하시기를 바랍니다. 지나치게 높다고 판단되면 부채비율을 낮추는 자구 노력을 해야 합니다.

동　민 : 그러면 부채비율을 낮추려면 어떠한 노력을 해야 되나요?

이 위원 : 부채비율을 낮추려면 우선 장·단기 차입금 및 회사채를 상환하면 되겠지요.

다음으로 생각할 수 있는 것은 자본을 유상증자하면 됩니다. 아니면 이익을 많이 내는 노력이 필요합니다.

이익을 많이 내면 이는 이익잉여금이 커질 것이고, 이익잉여금이 커지면 자본총계가 커질 겁니다. 그러면 자본총계가 커졌기 때문에 부채비율은 당연히 줄어들겠지요. 이와 반대로 배당을 많이 하거나 유상감자, 그리고 적자가 많이 나면, 이로 인해 자본금도 줄어들어 부채비율은 높아집니다.

부채비율이 높아지면 회사에 대한 위험은 일반적으로 커진다고 볼 수 있습니다.

어떤 기업의 부채비율이 200%라면 갚아야 할 빚이 자사가 보유한 자본보다 두 배 많다는 것을 뜻합니다.

은　경 : 와우. 정말 대단하십니다.

　　　　　우리 영업팀에서 가장 먼저 신경을 써야 할 부분은 이익을 많이 내는 것이 부채비율을 낮출 수 있는 방법이겠네요.

이 위원 : 그렇습니다.

재　철 : 이 위원님의 설명을 들어보니 어떻게 해야 되는지 알겠어요. 그러니까. 지금 당장 차입금 변제 능력이 없어서 상환할 수 없다면 우리 영업팀에서 열심히 판매실적을 올려서 이익을 많이 내면 되겠네요.

이 위원 : 그렇습니다.

　　　　　여러분이 지금하고 있는 영업을 열심히 하세요.

　　　　　다만, 열심히 하는 것만으로 끝나지 말고, 손익을 어떻게 하면 많이 낼 수 있는가를 항상 고민하면서 해야 효율적이겠지요.

　　　　　이익을 개선 할 수 있는 방법은 다음에 제6장에서 학습하기로 해요.

재　철 : 알겠습니다.

　　　　　그런데. 위원님

　　　　　안정성지표로 비유동비율분석과 비유동장기적합율분석에 대해서도 말씀을 하여 주셨는데, 어떠한 내용을 이해해야 하나요?

이 위원 : 비유동비율분석과 비유동장기적합율분석은 투자자산과 관련하여 검토를 합니다. 비유동비율과 비유동장기적합율은 자본배분의 안정성을 나타나는 비율로 우선 먼저

비유동비율 분석부터 하기로 하지요.

비유동비율은(비유동자산/자기자본) × 100으로 나타납니다.

비유동비율 = (비유동자산 /자기자본) × 100

※ 비유동비율의 표준비율은 100%이하이다.

"한국은행 2022년 기업경영분석"자료에 의하면 한국기업(주)는 비유동비율이 127.58%로 표준비율에 비해서 다소 높은 수준을 나타나고 있습니다.

이 비율은 회사의 자산 중 고정화 되어 있는 자산으로 자기자본 범위 내에서 안정적으로 구성되어 있는지를 알려주는 지표로 100%이하 일 때 안정적 자본구조를 갖고 있다고 할 수 있습니다.

만일 이 비율이 100%가 넘어설 경우는 비유동자산(예 토지, 건물, 기계설비 등)에 투자된 자본이 자기자본을 초과하여 부채에서 일부분이 조달되었다고 볼 수 있습니다.

만일, 자기자본이 초과할 경우는 비유동장기적합율을 이용하여 검토하게 됩니다.

비유동장기적합률은(비유동자산/자기자본+비유동부채) × 100으로 나타납니다.

비유동비율 = (비유동자산 /자기자본) × 100
※ 비유동장기적합률의 표준비율은 100%이하이다.

"한국은행 2022년 기업경영분석"자료에 의하면 한국기업(주)는 비유동장기적합율이 82.74%로 표준비율에 비해서 다소 안정적인 수준을 나타나고 있습니다.

이 비율은 회사의 자산 중 고정화 되어 있는 자산으로 자기자본과 비유동부채 범위 내에서 안정적으로 구성되어 있는지를 알려주는 지표로 100%이하 일 때 안정적 자본구조를 갖고 있다고 할 수 있습니다.

우리나라는 자본배분의 안정성을 평가할 경우는 비유동비율보다는 비유동장기적합율로 평가하는 것이 유용하다고 봅니다.

비유동비율과 비유동장기적합율은 산업 간에 차이가 큽니다.

철강, 금속, 기계, 화학, 석유, 시멘트, 조선 등 중화학 공업에서는 비교적 비유동자산의 규모가 크기 때문에 당연이 비유동비율 또는 비유동장기적합율이 높게 나타납니다.

그러나 금융업, 보험업, 운수업, 여행업, 음식업 등 서비스업종은 반대로 낮게 나타납니다.

따라서 이러한 비유동자산은 고정화된 자산으로 많은

자금이 들어가서 투자가 이루어지기 때문에, 그 만큼 위험성이 크다고 볼 수 있습니다.

이와 같이 비유동자산은 위험성이 큽니다만 큰 투자가 이루어지기 때문에 수익성도 크게 기대됩니다.

따라서 경영자는 장기적인 관점에서 경기가 좋아 큰 수익성이 기대된다면 자기자본범위 내에서만 안정적 투자를 할 것이 아니라 비유동부채까지를 활용하더라도 공격적으로 투자를 검토한다고 볼 수 있습니다.

그러나 수익성을 기대하고 많은 투자를 했는데, 경기가 좋지 않아 판매로 이어지지 않는다면 큰 위험에 빠져 자율협약, 워크아웃, 부도, 회생절차, 파산 등 잘못 될 수도 있습니다.

그래서 적정하게 투자를 해야 합니다.

거래처 리스크 관리를 할 때도 반드시 비유동비율과, 비유동장기적합률을 잘 들여다봐야 합니다.

동　민 : 와우. 그렇군요. 회사에서 왜 투자를 하는지 알겠어요. 그리고 회사에서 적정하게 투자를 하고 있는지도 이해를 했습니다.

　　　　다음으로 자산에 대한 각각의 구성비에 대한 분석을 하신다고 하였는데, 어떻게 이해를 하는지요?

이 위원 : 앞에서 말씀드렸듯이 자산구성비율은 총자산에 대한 유동자산은 어느 정도인지, 투자자산은 어느 정도 인지, 유형자산은 어느 정도 인지를 검토하는 것입니다.

또한 유동자산 중 매출채권은 어느 정도인지, 재고자산은 어느 정도 인지 등을 알아보는 것으로 산업평균과 비교하면서 분석을 합니다.

이 번 시간은 자산구성별로 살펴보고, 이중 매출채권과 관련하여 영업주기를 살펴보도록 하겠습니다.

영업주기를 알면 순영업주기를 알 수 있고, 순영업주기를 알면 1회전 운전자본을 계산할 수 있습니다.

재　철 : 앗. 제가 알고 싶은 구체적인 내용이 설명이 된다고요. 평소에 1회전 운전자본을 알고 싶었거든요.

기대됩니다.

위원님. 잠시 휴식시간을 갖고 커피 한잔 하고 해요.

이위원 : 좋아요.

이렇게 하여 휴식시간을 갖고 잠시 후에 다시 학습하기로 하였다.

김 팀장 : 여러분들 영업활동 위주로 업무를 하다가 다소 생소한 재무제표를 학습하다보니 다소 힘들어들 하시는 것 같아요.

그렇지만 열심히 잘 따라가고 있는 것 같아요.

상당히 고무적입니다.

오늘 재무상태표를 마치고 한턱 쏠게요.

은　경 : 김 팀장님. 파이팅! 감사합니다.

재　철 : 우리 열심히 공부합시다.

이 위원 : 좋아요.

오늘 회식을 하려면 가급적 빨리 재무상태표를 마무리 해야겠네요.

지금부터는 자산 구성비에 대한 분석입니다.

우선 유동자산비율로 총자산에서 차지하는 비율로 높을 수록 유동성이 좋아져 단기지급능력이 높아집니다.

한국기업의 "한국은행 2022년 기업경영분석"자료에 의하면 한국기업(주)는 유동자산비율이 총자산대비 42.62%, 비유동자산비율은 57.38%를 나타내고 있습니다. 이는 적정하게 유지하는 것이 무엇보다 중요합니다.

즉, 업종별로 비교하여 그 적정성을 판단해야 하지만, 이 중에서 매출채권이 많거나 재고자산이 많으면 유동성 문제가 나타나게 됩니다.

한국기업의 "한국은행 2022년 기업경영분석"자료에 의하면 한국기업(주)는 매출채권비율이 총자산대비 10.09%, 재고자산비율은 13.55%를 나타내고 있습니다.

앞에서도 이미 말씀을 드렸지만 매출채권과 재고자산이 많으면 유동성 확보에 많은 어려움이 있습니다.

문제는 운전자본에 영향을 미친다는 겁니다.

운전자본은 운영자본이라고도 하는데, 이를 가지고 재료비, 노무비, 경비, 판매비와 일반관리비를 위해 사용되는 자금입니다.

운전자본이 풍부해야 회사는 잘 돌아갑니다.

재　철 : 그렇군요.

　　　　자본이라는 말은 들어 봤지만 운전자본이란 말은 처음 듣는데, 무엇을 말하나요?

이 위원 : 좋은 질문입니다.

　　　　운전자본은 유동자산에서 유동부채를 차감한 것을 말합니다.

　　　　운전자본은 1년 내에 현금화가 가능한 자산에서 1년 이내에 상환해야 할 부채를 차감한 것이지요.

　　　　이 중에서 순영업운전자본이란게 있는데, 이는 먼저 영업주기를 알아야 합니다.

　　　　영업주기는　재고자산회전기간과　매출채권회전기간을 말합니다.

　　　　이 영업주기를 먼저 계산하여 매입채무회전기간을 차감하면 순영업운전자본 기간을 계산할 수 있습니다.

　　　　이렇게 계산된 순영업운전자본기간 x (매출액 - 영업이익- 감가상각비)에 곱하면 1회전 운전자본 금액을 계산할 수 있습니다.

　　　　제가 다음 자료를 하나 보여 드릴 테니 1회전 운전자본을 한번 구해보시지요.

　　　　1회전 운전기간 85일을 계산할 수 있는데, 이에 매출액에서 영업이익과 감가상각을 차감하여 계산된 5,698백만을 곱하면 1회전 운전자본 1,327백만 원을 산출할 수 있습니다.

1회전 운전자본

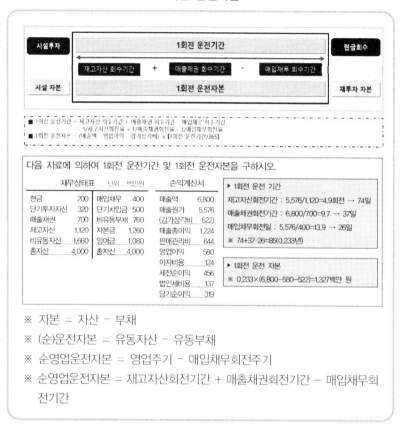

※ 자본 = 자산 - 부채

※ (순)운전자본 = 유동자산 - 유동부채

※ 순영업운전자본 = 영업주기 - 매입채무회전주기

※ 순영업운전자본 = 재고자산회전기간 + 매출채권회전기간 - 매입채무회전기간

그런데, 여기서 여러분 회사가 이러한 상황이 발생한다고 가정한다면, 아주 중요한 점을 하나 발견할 수 있어야 해요. 그게 무엇 이라고 생각이 되는지요?

동 민 : 아. 어렵네요.

재 철 : 모르겠어요.

은 경 : 정신이 없네요.

김 팀장 : 네. 제가 말씀드리겠습니다.

그것은 바로. 매출채권회전기간과 매입채무회전기간이 차이가 나네요.

이 위원 : 며칠 차이가 납니까?

김 팀장 : 11일 차이가 발생합니다.

이 위원 : 11일 차이가 나는데, 무슨 의미가 있다고 생각을 하시나요?

김 팀장 : 이는 저의 회사에서 판매하고 판매대금은 37일만에 현금화가 되는데 비하여, 거래선에 대한 원자재 등 대금지급은 26일 만에 지급하는 상황이 발생합니다.

이는 11일 만큼 이자가 발생한다고 생각을 합니다.

운전자본을 정확하게 계산하면 1,327백만 원을 년 이율 이자 5%에 운전자금으로 차입하여 사용하고 있다면 85일 동안 1천5백4십만 원(1,327백 만 × 5% × 85/365)의 이자가 발생합니다.

이 위원 : 와우. 김 팀장님. 맞아요. 대단하십니다.

따라서 이러한 경우는 유동성 자금의 흐름에 문제가 있다고 판단하셔서 대책을 강구해야 합니다. 매출채권 회수전략을 다양하게 수립하시던지, 아니면 매입채무와 비슷하게 대금결제일을 맞추든지 등의 대책을 수립하여 영업정책에 반영하시기 바랍니다.

재 철 : 그렇군요. 운전자금은 또 언제 계산이 필요한지요?

이 위원 : 운전자금은 신사업타당성을 검토 시에는 반드시 계산을 하게 됩니다. 회사의 자금은 투자자금과 운전자금이 필

요합니다. 다음에 기회가 된다면 신사업타당성에 대해서도 말씀을 드리겠습니다.

재 철 : 알겠습니다.

이 위원 : 다음으로는 투자자산에 대해서 말씀을 드리겠습니다. 투자자산은 영업이외의 목적을 가지고 투자하는 경우에 발생하는데. 계정과목으로는 투자부동산, 매도가능유가증권, 만기보유유가증권, 지분법적용투자주식, 장기대여금, 장기성예금 등이 있습니다.

이러한 투자자산은 정상적인 영업활동 이외의 활동에서 나타나는 경우로 기업지배를 목적으로 관계회사의 주식에 투자한 경우가 많습니다.

투자자산의 총자산 대비 적정 구성비는 정하여져 있는 것은 아닙니다.

"한국은행 2022년 기업경영분석"자료에 의하면 한국기업(주)는 투자자산이 총자산 대비 18.39%입니다. 이러한 투자자산을 통하여 얻는 것은 대부분 이자수익과 배당금수익이 있는데, 이는 영업이익율과 비교하는 것이 의미가 있다고 볼 수 있습니다.

"한국은행 2022년 기업경영분석"자료에 의하면 한국기업(주)는 투자자산대비 이자수익률이 0.43%와 배당금수익율이 0.40%로 합계 0.83%인데, 이에 비하여 총자산(부채와 자본) 영업이익률은 3.46%로 서로 비교해보는 것은 나름 의미가 있습니다. 2022년도 총자산 대비

영업이익률이 투자자산 대비 수익률보다 2.63% 정도
이익 더 나오고 있습니다.

은 경 : 그렇군요.

유형자산에 대해서 말씀도 해주세요.

이 위원 : 네. 알겠습니다. 유형자산에 대해 말씀을 드리겠습니다.

유형자산은 토지, 건물, 구축물, 기계장치, 공기구비품, 차
량운반구, 선박, 항공기, 건설 중인 자산 등이 있습니다.

유형자산은 시간이 경과함에 따라 취득가치가 감소하게
되는데요. 유형자산중 토지와 건설 중인 자산을 제외하
고는 감각상각을 합니다.

"한국은행 2022년 기업경영분석"자료에 의하면 한국기업
(주)는 유형자산이 총자산 대비 31.45% 정도입니다.

유형자산은 산업계 및 동종업체와 비교하시기 바랍니다.

앞에서도 말씀드렸지만 유형자산은 비교적 고정화된 자
산으로 수익이 큰 만큼 영업위험도 크기 때문에 투자를
할 경우는 신중히 해야 합니다.

재 철 : 예. 잘 알겠습니다.

다음으로 부채와 자본에 대해서도 말씀을 해주세요.

이 위원 : 알겠습니다.

오늘은 회식도 있고 해서 이 정도로 하시고 내일부터는
부채와 자본에 대해서 말씀을 드리겠습니다.

다들 수고하셨습니다.

내일도 교육이 있으니 지난 친 음주는 삼가 주세요.

　　　　그럼. 내일 뵙겠습니다.

김 팀장 : 네 잘 알겠습니다.

이렇게 해서 오늘은 교육을 마치고 회식장소로 이동을 하였다.

다음날이 밝았다.

이 위원 : 안녕들 하세요. 어제 회식은 잘 마치었지요?

은 　경 : 네. 잘 마치었습니다.

　　　　오늘 수업도 있고 해서 적당히 먹었습니다.

　　　　오늘도 기대가 됩니다.

이 위원 : 그렇군요. 좋아요.

　　　　오늘은 부채와 자본에 대해서 말씀을 드리겠습니다.

　　　　부채는 타인자본이라고도 합니다.

　　　　이미 앞에서 부채비율이 높으면 위험하다고 말씀을 드
　　　　렸기 때문에, 오늘은 계정과목 중심으로 간단히 말씀을
　　　　드리도록 하겠습니다.

　　　　우선 먼저 질문을 하겠습니다.

　　　　부채는 차변 항목일까요? 또는 대변 항목일까요?

동 　민 : 대변 항목입니다.

이 위원 : 맞습니다.

　　　　자산은 차변항목이고, 부채와 자본은 대변 항목입니다.

자산 = 부채 + 자본
※ 이 등식을 재무상태표 등식이라고 한다.

자산의 합계와 부채 및 자본의 합계는 항상 일치합니다. 이를 재무상태표 등식이라고 합니다.

부채는 언젠가는 갚아야 합니다. 따라서 1년 이내에 갚아야 할 부채를 유동부채라고 하고, 1년 이상 장기에 걸쳐서 갚아야 할 부채를 비유동부채라고 합니다.

은　경 : 1년 이내의 유동부채는 어떤 항목들이 있나요?

이 위원 : 네. 1년 이내에 상환해야 하는 채무를 말합니다.

주요 계정과목은 외상매입금과 지급어음, 일반적으로 1년 이내의 단기차입금, 외화차입금, 유동성장기차입금, 미지급금, 미지급비용, 선수금, 예수금 등이 해당됩니다. 유동부채는 지급기한이 1년으로 비교적 짧기 때문에 기업이 지급능력을 보유하기 위해서는 유동부채보다 더 많은 유동자산을 보유하고 있어야만 합니다.

유동자산이 유동부채를 초과하는 부분을 운전자본이라 하며 이것은 경영자가 단기 기업활동을 수행할 때 자유로이 재료비, 노무비, 경비, 판매관리비 등을 사용할 수 있는 자금입니다.

"한국은행 2022년 기업경영분석"자료에 의하면 한국기업(주)는 유동부채가 총자본 대비 30.64%입니다.

재　철 : 그렇군요.

　　　　매입채무는 어떤 것을 말하나요?

이 위원 : 아주 좋은 질문입니다.

　　　　매입채무는 외상매입금과 지급어음의 합계액을 말합니다.

매입채무 = 외상매입금과 + 지급어음

※ 매입채무는 상거래에서 발생하는 채무로 매출채권과는 상대계정이다.

　　　　참고로 매출채권은 외상매출금과 받을어음의 합계액을
　　　　말합니다.

동　민 : 어음의 회계처리에 대해서 좀더 구체적으로 알고 싶어요?

이 위원 : 좋아요.

　　　　법률상 어음에는 약속어음과 환어음이 있습니다.

　　　　물론 전자어음도 있지만, 전자어음은 약속어음으로 회
　　　　계처리를 합니다.

　　　　약속어음은 주로 국내 거래에서 사용하고, 환어음은 주
　　　　로 해외거래에서 사용합니다.

　　　　만일, 판매자가 납품을 하고 약속어음을 수령하면 회계
　　　　처리 시는 받을어음계정으로 회계처리를 합니다. 이와
　　　　반대로 매입자는 지급어음으로 회계처리를 합니다.

　　　　다음 표를 참고하여 봐주시기 바랍니다.

받을어음 회계처리

7/1 상품 1,000,000을 외상으로 판매하다.
   (차변) 외상매출금 1,100,000   (대변) 매   출   1,000,000
                                     부가가치세예수금   100,000

8/28 외상대금을 약속어음(3개월)으로 수령하다.
   (차변) 받 을 어 음 1,100,000   (대변) 외상매출금   1,100,000

11/30 약속어음이 정상 결제되었다.
   (차변) 현   금 1,100,000   (대변) 받 을 어 음   1,100,000

11/30 약속어음이 부도처리 되었다.
   (차변) 부 도 어 음 1,100,000   (대변) 받 을 어 음   1,100,000

지급어음 회계처리

7/1 상품 1,000,000을 외상으로 매입하다.
   (차변) 매   입 1,000,000   (대변) 외상매입금 1,100,000
           부가가치세대급금   100,000

8/28 외상대금을 약속어음(3개월)으로 발행하여 지급하다.
   (차변) 외상매입금 1,100,000   (대변) 지급어음   1,100,000

11/30 약속어음이 정상 결제되었다.
   (차변) 지급어음 1,100,000   (대변) 현   금   1,100,000

동   민 : 그렇군요.

재   철 : 만일 부도가 나면 대손처리는 어떻게 되는지 궁금합니다.

이 위원 : 네. 가능하면 회수하는 것이 좋겠지요.

그러나 부도가 발생하면 부도발생일로부터 6개월 이상 지난 수표 또는 어음상의 채권 및 외상매출금에 대해서는 대손처리가 가능합니다.

그리고 거래처가 부도나서 회생신청을 하거나 파산을 신청하여 일부 변제를 못 받는 경우는 대손처리를 해야 합니다.

이 외에도 채무자의 파산, 강제집행, 형의집행, 사업의 폐지, 사망, 실종 또는 행방불명으로 회수할 수 없는 채권도 가능합니다.

또한 중소기업의 외상매출금 및 미수금으로서 회수기일이 2년 이상 지난 채권도 가능하나 단, 특수관계인과의 거래는 불가능합니다.

대손처리 시는 당시 납부했던 부가가치세를 대손확정일이 포함된 신고기간에 매 기간에 매출세액에서 차감할 수 있고, 대손세액(부가가치세)을 제외한 금액을 그해에 대손상각비로 비용처리 할 수 있습니다.

은 경 : 그렇군요.

대손처리하면 그 많큼 비용으로 처리되어 손익에 나쁜 영향을 미치겠네요.

이 위원 : 그렇습니다.

따라서 부실채권이 발생되지 않도록 최선을 다해서 회수하시기 바랍니다.

재　철 : 비유동부채에는 어떠한 계정이 있나요?

이 위원 : 네. 비유동부채는 1년 이상의 기간 동안 상환해야 하는 부채를 말합니다.

　　　　"한국은행 2022년 기업경영분석"자료에 의하면 한국기업(주)는 비유동부채가 총자본 대비 24.38%입니다.

　　　　비유동부채의 종류는 장기차입금, 장기외화차입금, 사채, 임대보증금, 퇴직급여충당부채, 이연법인세부채, 장기매입채무 등이 있습니다.

　　　　여러분은 비유동부채가 비유동자산에 비하여 빠르게 늘고 있다면, 기업이 파산을 피하기 위해 더 많은 돈을 빌리거나 투자를 지나치게 많이 하고 있다는 의미일 수도 있습니다.

　　　　이와 반대로 비유동자산은 늘고 있는데, 비유동부채가 줄고 있다면 부채를 갚고도 남을 정도의 현금을 벌어들이고 있다는 뜻으로 이해를 해도 됩니다.

　　　　참고로 "한국은행 2022년 기업경영분석"자료에 의하면 한국기업(주)는 비유동자산이 총자산 대비 57.38%로 비유동부채보다는 33%가 높아서 다행입니다.

김 팀장 : 이자부부채가 있다는 말을 들었는데, 무슨 말인가요?

이 위원 : 아주 중요한 질문을 주셨네요.

　　　　이자부부채는 말 그대로 부채 중에서 이자가 나가는 부채를 말합니다.

　　　　이자부부채에는 단기차입금, 외화차입금, 유동성장기

차입금, 유동성사채, 장기차입금, 장기외화차입금, 사채 등을 말합니다.

이러한 이자부부채의 합을 총자본(부채+자본)으로 나누면 차입금의존도라고 합니다. 차입금의존도가 높은 기업일수록 금융비용 부담이 커서 수익성이 낮아지며 기업 안전성 면에서도 불리합니다.

일반적으로 차입금의존도는 30% 이하를 적정 비율로 보고 있습니다.

"한국은행 2022년 기업경영분석"자료에 의하면 한국기업(주)는 차입금의존도가 31.28%입니다.

특히 이자비용이 상승한 경우에는 차입금을 줄이는 방법을 고민해 보는 것이 좋습니다.

재 철 : 그렇군요.

빨리 돈을 많이 벌어야겠네요.

다음은 자본에 대해서 말씀을 해주셔요.

이 위원 : 좋습니다.

질문을 하나 하겠습니다.

자본을 어떻게 구할 수 있나요?

은 경 : 네. 자산에서 부채를 차감하면 됩니다.

자본 = 자산 - 부채
※ 자산 = 부채 + 자본 등식을 이용한다.

이 위원 : 와. 잘 맞추었습니다. 이를 자기자본이라고 합니다.

"한국은행 2022년 기업경영분석" 자료에 의하면 한국기업(주)는 자기자본이 44.98%입니다.

자기자본이란 자본금, 자본잉여금, 자본조정, 기타포괄손익누계액, 이익잉여금으로 구성되는 소유자 자본이며 앞에서 말씀드린 타인자본, 즉 부채와 구별됩니다.

총자본이라고 표현을 하는 것도 있는데, 이는 부채(타인자본)+자본(자기자본)을 말 합니다.

앞으로 자기자본과 총자본을 실무에서 자주 사용하니, 혼동하지 마시기 바랍니다.

동 민 : 잘 알겠습니다.

자기자본의 각각 항목에 대해서 간단하게 설명을 부탁드립니다.

이 위원 : 알겠습니다.

그럼 먼저 자본금에 대해서 설명을 드리겠습니다.

자본금은 발행주식수 × 액면가액으로 나타납니다.

자본금 = 발행주식수 × 액면가액

※ 자본금을 납입자본금이라고 한다.

자본금은 기업이 사업을 시작하거나 확장하고 운영하는데 필요한 자금을 말합니다. 자본금은 주주나 투자자로

부터 출연 받은 자본으로, 초기 자금 조달에 사용되기도 하고, 사업을 안정적으로 유지하고 확장하기 위해서 재투자될 수도 있습니다.

이 자본금으로 회사의 운영 비용, 투자, 연구 개발, 새로운 제품이나 서비스를 개발하는 데 사용될 수 있습니다. 자본금은 주식회사의 경우 주주들에게 발행된 주식의 가치로 나타날 수 있습니다. 이는 기업의 가치를 측정하고, 투자자들이 기업의 경영 상태를 판단하는 데 중요한 지표 중 하나입니다.

재　철 : 그렇군요.

이 위원 : 다음은 자본잉여금과 이익잉여금에 대해서 말씀을 드리겠습니다.

일반적으로 이를 사내유보금이라고 합니다.

사내유보금은 시장의 불확실성이 커질 때 기업이 투자를 줄이는 대신 이를 내부에 쌓아두면서 증가합니다.

동　민 : 그럼, 사내유보금은 기업이 쌓아 둔 현금을 말하는 것인가요?

이 위원 : 그렇지 않습니다.

물론 현금도 포함하지만, 현금 외에도 토지, 공장, 생산 설비 등 실물자산이나 무형자산 등에 투자한 금액도 이에 포함됩니다.

따라서 자본잉여금 및 이익잉여금을 단순히 현금이라고 인식하는 것은 옳지 않습니다.

자본잉여금은 기업의 영업활동 이외의 원천에서 발생하는 잉여금으로 대부분 자본금을 증자하거나 감자하는 등 자본거래를 통해 발생합니다.

자본잉여금은 크게 주식발행초과금과 감자차익, 기타 자본잉여금 항목으로 구분 됩니다.

그리고 이익잉여금은 회사의 영업활동 등을 통해 발생한 이익금 중 주주에게 배당하거나 상여 등으로 유출되지 않고 내부에 남아있는 잉여금을 말합니다.

사내유보금이라고 하면 대부분 이익잉여금을 말합니다. 이익잉여금은 주주총회를 통해서 의사결정을 하게 되는데, 법정적립금과 임의적립금, 미처분이익잉여금 항목으로 처리됩니다.

또한 자본조정도 있는데, 자본금 및 잉여금으로 구분되지 않은 자기주식 및 투자유가증권평가손익 등의 항목들을 임시로 모아 놓은 계정으로 자본총계에 가감하는 형식으로 기재를 합니다.

자본조정항목으로는 주식할인발행차금, 자기주식, 주식매수선택권, 출자전환채무, 자기주식처분손실, 감자차손 등이 있습니다.

마지막으로 기타포괄손익누계액이 있습니다.

기타포괄손익이란 기업실체가 일정기간 동안 소유주와의 자본거래를 제외한 모든 거래나 사건에서 인식한 자본의 변동액으로서 당기순이익에 기타포괄손익을 가감하여 산출한 포괄손익의 내용을 주석으로 기재합니다.

기타포괄손익의 항목은 법인세비용을 차감한 순액으로 표시하는데 매도가능증권평가손익, 해외사업환산손익, 현금흐름위험회피 파생상품평가손익 등의 과목이 있습니다.

이러한 기타포괄손익의 잔액을 기타포괄손익누계액의 계정과목으로 재무상태표 상 자본항목에 포함합니다.

김 팀장 : 자본 항목은 다소 어렵네요.

이 위원 : 자본 항목은 이 정도로 말씀을 드리겠습니다.

더 학습이 필요하시면 연구를 해주세요.

이상으로 재무상태표 분석을 마치고 다음 시간부터는 손익계산서 분석을 하기로 하겠습니다.

오늘. 모두들 수고들 하였습니다.

김 팀장 : 모두들 고생하였습니다.

내일부터는 손익계산서에 대하여 학습하기로 해요.

재 철 : 수고 하셨습니다.

동 민 : 수고 하셨습니다.

은 경 : 벌써 내일이 기대 됩니다.

이렇게 하여 재무상태표에 대해 알아보았다.

김 팀장을 비롯하여, 김재철 씨, 박동민, 이은경 씨는 비교적 만족감을 표시하며 다음 시간이 기대되었다.

손익계산서(I/S)를 분석하자.

김 팀장 : 여러분 오늘부터는 손익계산서에 대하여 학습하겠습니다.

벌써 이 위원님이 강의 장에 도착하였습니다.

이 위원님 오늘도 잘 부탁합니다.

이 위원 : 예. 안녕하세요.

지금까지 재무상태표에 대해서 말씀을 드렸습니다.

오늘부터는 손익계산서 분석을 하도록 하겠습니다.

영업사원들은 앞에서 배운 재무상태표도 중요하지만 더욱 손익계산서를 읽고, 판단할 줄 알아야 합니다.

그리해야만 우리 회사의 영업실적을 분석할 수도 있고, 거래처에 대한 재무제표의 신용분석을 할 수 있습니다.

자! 여러분 손익계산서에 대한 개념을 누가 말씀하여 보세요.

동 민 : 제가 말씀드리겠습니다.

이 위원 : 아니요. 어제 재무상태표는 박동민 씨가 말씀하였지요.

이번에는 은경 씨가 말씀하여 보세요.

은 경 : 알겠습니다.

자신 있습니다.

손익계산서는 기업의 일정기간동안 영업성적, 즉 경영성적을 나타내는 것이라고 알고 있습니다.

이 위원 : 와우. 잘 맞추었습니다.

맞습니다.

재무상태표는 일정시점 즉 3월31일, 6월30일, 12월31일 등 특정시점에서의 자산과 부채, 자본을 알아보기 위하여 작성하는 것이라면, 손익계산서는 일정기간 동안 즉 1월1일~1월31일, 1월1일~3월31일, 1월1일~6월30일, 1월1일~12월31일 등 일정기간 수익과 비용의 발생을 알아보는 것입니다.

다시 말해 손익계산서는 회사의 경영성적표입니다.

동　민 : 손익계산서를 통해서 관심을 갖고 보아야 하는 내용은 무엇인가요?

이 위원 : 우리는 손익계산서를 통하여 여러 가지 경영성적, 영업실적을 알아 볼 수 있지요.

즉, 매출액, 매출원가, 매출총이익, 판매비 및 일반관리비, 영업이익, 영업외수익, 영업외비용, 법인세비용차감전순이익, 법인세비용, 당기순이익, 주당순이익 등을 알아볼 수 있는 지표입니다.

재　철 : 와우. 많은 정보를 알 수 있겠네요.

이 위원 : 다음 자료는 한국기업(주)의 손익계산서 입니다. 이 자료는 2022년 한국은행이 발표한 기업경영분석 자료를 바탕으로 작성 하였습니다.

손익계산서를 보면서 특히 매출총이익률, 영업이익률, 당기순이익률에 관심을 갖고 보셔야 합니다.

"한국은행 2022년 기업경영분석"자료에 의하면 한국기업(주)의 매출총이익률은 22.19%, 영업이익률은 4.53%,

당기순이익률은 3.52%입니다.

당기순이익률이 3.52%라는 말은 1,000원을 판매하면 당기순이익이 35원이 나왔다는 이야기입니다.

저는 한국기업(주)의 영업이익률은 최소 10%정도는 나와야 한다고 보는데, 좀 아쉬움이 있습니다.

매출총이익률은 22.19%로 양호하다고 보이나 상대적으로 판매비 및 일반관리비가 차지하는 비율이 17.66%로 다소 높다고 볼 수 있습니다.

따라서 산업별, 동종업간의 차이는 있겠지만 일반적으로 판매비 및 일반관리비가 10%내외로 관리 될 수 있도록 비용절감의 노력이 필요하다고 봅니다.

손익계산서(I/S)

한국기업(주)　　　　　　　(2022.1.1.~2022.12.31)　　　　　　　(단위 : %)

구 분	구성비(%)
Ⅰ. 매출액	100.00
Ⅱ. 매출원가	77.81
Ⅲ. 매출총이익	22.19
Ⅳ. 판매비 및 일반관리비	17.66
급　　　　여	4.96
퇴 직 급 여	0.43
복 리 후 생 비	0.58
세 금 과 공 과	0.32
임　　차　료	0.51
감 가 상 각 비	0.80
접　　대　비	0.22
광 고 선 전 비	0.81
경상개발비.연구비	1.04
보　　험　료	0.20
대 손 상 각 비	0.14
무형자산상각비	0.19
기　　　　타	7.45
Ⅴ. 영업이익	4.53
Ⅵ. 영업외수익	4.97
이 자 수 익	0.43
배 당 금 수 익	0.40
외 환 차 익	1.17
지분법평가이익	0.29
기　　　　타	2.68
Ⅶ. 영업외비용	4.94
이 자 비 용	1.30
외 환 차 손	1.14
지분법평가손실	0.20
외화 환산 손실	0.39
기　　　　타	1.91
Ⅷ. 법인세비용차감전순이익	4.57
Ⅸ. 법인세비용	1.04
Ⅸ. 당기순이익	3.52

김 팀장 : 이 위원님.

　　　　손익계산서를 보면서 거래처의 리스크 관리를 위해서
　　　　특별히 분석을 해야 할 항목은 무엇인가요?

이 위원 : 네. 좋은 질문입니다.

　　　　질문을 하나 하겠습니다.

　　　　앞에서 재무상태표를 보고 리스크 관리를 위해서 어떠
　　　　한 항목을 분석해야 한다고 했나요?

　　　　누가 말씀을 해보시지요.

재　철 : 제가 말씀을 드리겠습니다.

　　　　단기적으로 지급능력이 있는지를 보려면 유동비율을 봐
　　　　야 하고, 장기적으로 지급능력이 있는지를 보려면 부채
　　　　비율을 봐야 하고, 투자여력이 있는지를 보려면 비유동
　　　　비율과 비유동장기적합률을 봐야 한다고 하였습니다.

이 위원 : 와우. 맞습니다. 대단 합니다.

　　　　그럼 손익계산서를 보고 리스크 관리를 위해서 분석을
　　　　해야 할 항목은 세 가지로 말씀을 드리겠습니다.

　　　　우선 첫째로 총자본회전율을 봅니다.

　　　　총자본회전율은 매출액/총자본으로 나타납니다.

총자본회전율 = 매출액 / 총자본(평균)

※ 총자본회전율의 표준이 제조회사는 1회전이고, 서비스와 유통회사는 3회
　전입니다.

총자본회전율은 총자산회전율과 같은 말입니다.

"한국은행 2022년 기업경영분석"자료에 의하면 한국기업(주)의 총자본회전율은 0.8회전입니다.

다시 말해 0.8회전이라는 말은 총자본 또는 총자산의 100억원을 가지고 80억 원의 매출을 한다는 말입니다.

일반적으로 제조회사는 1회전, 서비스 및 유통업체는 3회전이 기본이라고 생각을 합니다.

따라서 산업별, 동종업간에 비교 분석을 하면서 매출을 잘하고 있는지를 봐야합니다.

동　　민 : 그렇군요.

우리 회사는 제조업을 영위하고 있기 때문에 총자본이 200억 원이니까 매출액은 최소한 180억 내지 200억 원은 해야 되는군요.

그런데 금년에 150억 정도 밖에 달성을 못할 것 같아요.

많이 부진할 것 같네요.

이러한 경우는 어떻게 해야 하는지, 알려 주세요?

이위원 : 네, 만일 매출이 부진하면 부진대책을 세워야 합니다.

우선 기존사업이 부진한 경우는 영업전략을 재검토해야 하는데, 영업전략은 다시 영업정책, 영업조직, 영업사원의 능력을 다시 살펴봐야 합니다.

영업정책은 상품(Product), 가격(Price), 유통(Palace), 촉진(Promotion) 정책을 말합니다.

만일, 영업전략에 대한 재검토를 했지만, 그래도 부진하다면 마케팅전략을 재검토해야 합니다.

마케팅 전략은 STP전략을 말하는데, 즉 시장세분화(Seg-mentation), 타켓팅(Targeting), 포지셔닝(Positioning) 전략을 말합니다.

김 팀장 : 네. 그렇군요.

아, 부진사유 발생 시 어떻게 대응 검토를 해야 하는지 순서를 알겠습니다.

이 위원 : 둘째로 이자보상배율을 봅니다.

이자보상배율은 Interest Coverage Ratio라고 합니다. 즉, 이자비용을 영업이익으로 얼마나 커버할 수 있느냐를 보여주는 지표입니다.

이자보상배율 = 영업이익 / 이자비용(금융비용)

이자보상비율 = [영업이익 / 이자비용(금융비용)] × 100

※ 이자보상배율은 최소한 3배수는 나와야 한다.

"한국은행 2022년 기업경영분석"자료에 의하면 한국기업(주)의 이자보상배율은 3.48입니다.

이자보상배율이 3.48이 나온다는 말은 현재 발생하는 이자비용보다 3.48배가 넘는 영업이익을 벌어들이고 있다고 보면 됩니다. 저는 최소한 3배수가 넘으면 보통으로 생각을 하고 있습니다.

왜냐하면 정상적인 경영활동을 위해서는 5배수 이상 나와야 된다고 봅니다.

그 이유는 영업이익을 가지고 이자비용도 납부를 해야 되지만, 사업소득에 대한 법인세도 납부해야 하고, 주주에 대한 배당도 해야 되고, 물품구매 시 물가상승이 되면 협력업체에 대한 구매단가도 보전을 해줘야 되고, 임직원의 인건비도 인상을 해줘야 되고, 또한 잉여금으로 갖고 있다가 성장을 위해서 투자도 해야 되기 때문입니다.

재　철 : 그렇군요.

이자보상배율이 중요하군요. 그런데, 많은 기업이 이자도 못 내고 있다는 말을 들었습니다.

이 위원 : 맞아요. 3년 연속해서 이자보상배율이 1만인 기업을 좀비기업이라고 합니다.

다시 말해, 좀비기업은 영업이익으로 이자를 감당할 수 없다는 뜻입니다. 좀비처럼 살아있지도 죽어있지도 않은 기업을 좀비기업 이라고 부릅니다. 따라서 이런 기업은 가능하면 거래 시 조심을 해야 합니다.

김 팀장 : 그런데, 이 위원님.

안정성을 판단할 때 부채비율로 봐야 되는지, 이자보상배율로 봐야 되는지요?

이 위원 : 네. 아주 중요한 질문을 해주셨네요.

많은 분들이 재무제표를 볼 때 회사의 안정성을 판단하기 위해 부채비율을 확인합니다.

하지만 부채비율은 기업의 전체 자산 중 부채의 비율을 표시하는 것이기 때문에 장기적 측면에서는 중요합니다. 그러나 안정성을 직접적으로 판단하는 데에는 다소 무리가 있습니다.

다시 말해, 부채를 많이 일으켜서 돈을 잘 버는 회사라면 안정성에 큰 문제가 없기 때문입니다.

이 말은 돈을 많이 벌면 자본(이익잉여금)이 커지기 때문에 부채비율은 감소하게 됩니다.

따라서 실질적으로 부채를 유지하고 감당할 수 있는 기업을 찾으려면 이자보상배율을 보는 것이 더욱 중요합니다.

은 경 : 와우.

이해가 쏙쏙 됩니다.

이 위원 : 셋째로 기업세전이익률을 봅니다.

법인세비용차감전순이익과 이자비용의 합계액을 총자본과 대비한 비율로서 자금원천에 관계없이 기업에 투하된 총자본이 얼마나 효율적으로 운용되었는가를 나타내는 지표입니다. 기업가의 경영능력을 측정하는 지표로 이용되고 있다.

기업세전순이익률 = (세전순이익 + 이자비용) / 총자본(평균)

※ 기업세전순이익률은 과거에 경상이익률과 같은 개념입니다.

"한국은행 2022년 기업경영분석"자료에 의하면 한국기업(주)의 기업세전이익률은 4.70%입니다.

이 지표는 타인자본비용(2022년 차입금 평균이자율 3.38%)보다 커야 합니다.

만일 기업세전순이익률이 타인자본비용보다 크면 기업은 지속경영이 가능하다고 볼 수 있습니다.

그러나 이와 반대로 타인자본비용보다도 기업세전순이익률이 적게 나오면 위험성이 있다고 보고 거래 시 조심을 해야 합니다.

동 민 : 그렇군요.

이제, 손익계산서를 보고 어떻게 이해를 해야 할지 알았습니다.

정말 많은 것을 알았습니다.

이 위원 : 오늘은 여기까지 하기로 해요.

내일은 현금흐름표 보는 법에 대해서 말씀을 드리겠습니다.

고생들 많았습니다.

은 경 : 감사합니다.

내일 뵙겠습니다.

이렇게 해서 재무상태표와 손익계산서 분석에 대해서 마치었다. 많이들 재미있어 했다.

현금흐름표(C/S)를 분석하자.

김 팀장 : 여러분 오늘부터는 현금흐름표에 대하여 학습하겠습니다. 벌서 이 위원님이 강의 장에 도착하였습니다.

이 위원님 오늘도 잘 부탁합니다.

이 위원 : 예. 안녕하세요.

지금까지 재무상태표와 손익계산서에 대해서 말씀을 드렸습니다. 우리 인체와 비교할 때 재무상태표는 체격과 같고, 손익계산서는 체질과 같다고 볼 수 있습니다.

현금흐름표는 혈액순환과 같습니다. 혈액순환이 잘 돌아야 건강하듯이 회사도 자금이 잘 돌아가야 합니다.

오늘은 현금 흐름표분석을 하도록 하겠습니다.

영업사원들은 반드시 현금흐름표를 읽고, 판단할 줄 알아야 합니다.

그래야 거래처에 대한 리스크 관리를 할 수 있습니다.

자! 여러분 현금흐름표에 대한 개념을 누가 말씀하여 보세요.

은 경 : 제가 말씀드리겠습니다.

현금흐름표는 일정기간 동안 현금유출입을 말합니다.

이 위원 : 맞습니다. 현금이 실제로 들어오거나 나가는 것을 말합니다. 현금흐름표를 보면 현금이 어디에서 창출하였고 어떻게 사용하였는지를 알 수 있습니다.

기업은 경영활동 중에 현금이 필요하며, 이러한 현금의

변동 내역은 채권자나 투자자 모두에게 중요한 정보가 됩니다. 다시 말해 현금흐름표는 기업의 현금창출능력에 관한 정보를 제공함으로써 재무제표의 이용자로 하여금 미래 현금흐름을 추정할 수 있습니다. 또한 기업의 부채에 대한 상환 및 배당금 지급능력과 자금의 유동성을 평가하는 데 유용한 정보를 제공 합니다.

동　민 : 그렇군요.

그런데, 현금흐름표는 어디에서 찾아보면 좋을까요?

이 위원 : 네. 그것은 금융감독원 전자공시시스템(dart.fss.or.kr)에서 찾아보거나 또는 Cretop, NICE BizLINE, ecredible 등에서 볼 수 있습니다.

만일, 전자공시시스템상에서 현금흐름표를 볼 때, 영업활동(+, 유입), 투자활동(-, 유출), 재무활동(-, 유출)의 표시가 되어 있으면, 우량회사로 볼 수 있습니다.

그리고 영업활동(+, 유입), 투자활동(-, 유출), 재무활동(-, 유출)의 표시가 되어있으면, 성장하는 회사의 모습으로 볼 수 있습니다.

그러나 영업활동이 (-, 유출)인 경우는 조심을 해야 하는 경우입니다.

또한, NICE BizLINE, ecredible 등에서 볼 때는 현금흐름등급이 CF1, CF2, CF3, CF4, CF5, CF6 등으로 나타난 것을 볼 수 있는데, CF1이 가장 좋은 현금흐름등급이고 CF6은 현금흐름이 가장 나쁜 등급입니다.

재 철 : 그렇군요.

　　　　이제 현금흐름표를 보고 현금흐름이 좋은지 나쁜지 해석할 수 있을 것 같아요.

이 위원 : 좋습니다. 그리고 현금흐름표를 보면 영업활동(①), 투자활동(②), 재무활동(③)의 합계(①+②+③)에 기초현금을 합산하면 기말현금이 나옵니다.

　　　　이러한 기말현금흐름은 재무상태표 상의 당자자산에 있는 현금 및 현금성 자산으로 표시됩니다.

　　　　현금흐름은 아주 중요합니다.

　　　　질문 한번 할게요?

　　　　만일 손익계산서상에 당기순이익이 2,200원이라면 실제 현금 잔액이 2,200원이 항상 일치할까요. 아니면 불일치할까요?

　　　　누가 한번 맞추어 보세요.

은 경 : 항상 일치해야 되는 것 아닌가요.

동 민 : 일치할 수도 있고 불일치할 수 있을 것 같아요.

재 철 : 항상 불일치 할 것 같아요.

이 위원 : 예. 하하하.

　　　　의견이 각각 분분 하군요.

　　　　여러분 의견 중에 답이 있습니다.

　　　　일치할 수도 있고 불일치할 수 있지만, 대부분 불일치한다고 보면 됩니다.

　　　　특히, 매출채권 회수가 중요한데, 회수가 되지 아니하

면 유동성 문제로 인하여 손익계산서상에는 흑자가 났어도 부도가 날 수 있습니다.

이러한 부도를 흑자부도라고 합니다.

현금흐름표와 재무상태표 상관관계

현금흐름표		재무상태표(차변)
I. 영업활동으로 인한 현금흐름	3,000	I. 유동자산
1. 당기순이익	2,200	1. 당좌자산
2. 현금의 지출이 없는 비용가산	1,000	→ 1. 현금및현금성자산　3,000
3. 현금의 수입 없는 수익차감	300	2. 매출채권
4. 영업활동으로 인한 자산부채증감	100	3. ......
II. 투자 활동으로 인한 현금 흐름	1,000	2. 재고자산
1. 투자활동으로 인한 현금 유입액	2,000	1. 상품
－ 건물의 처분		2. 제품
2. 투자활동으로 인한 현금 유출액	1,000	II. 비유동자산
－ 유가증권의 취득		.....
III. 재무 활동으로 인한 현금 흐름	(2,000)	
1. 재무활동으로 인한 현금 유입액	1,000	
－ 주식의 발행		
2. 재무활동으로 인한 현금 유출액	3,000	
－ 장단기차입금 상환		
IV. 현금의 증가(I +II +III)	2,000	
V. 기초 현금	1,000	
VI. 기말 현금	3,000	

은　경 : 아 그렇군요.

판매도 중요하지만 채권회수가 중요 하다는 말씀이군요.

이 위원 : 그렇지요.

매출채권회수는 아주 중요합니다.

바로 현금흐름에 큰 영향을 미치거든요.

이렇게 해서 지금까지 재무상태표, 손익계산서, 현금흐름표 등에 대하여 살펴 보았습니다.

여러분. 많은 도움이 되셨나요?

내일부터는 거래처에 대한 건전성을 위해서 리스크 관리를 어떻게 해야 되는지 말씀을 드리도록 하겠습니다.

재 철 : 네. 많은 도움이 됩니다.

내일도 기대가 됩니다.

자. 오늘도 수고들 많았습니다. 내일을 위해서 오늘은 이만 퇴근을 합시다.

내일들 뵙시다.

제5장

건전성 관리를 위해 여신관리를 하자

오늘도 날씨가 좋았다.

이 위원은 벌써 강의실에 와 있었다.

이 위원 : 안녕들 하세요.

　　　　　잘들 쉬었다 오셨지요.

　　　　　오늘은 거래처에 대한 건전성 관리를 위해서 리스크 관
　　　　　리를 어떻게 해야 되는지 말씀을 드리도록 하겠습니다.

동　　민 : 네. 오늘도 좋은 말씀 많이 해주세요.

이 위원 : 알겠습니다.

거래처에 대하여 리스크 관리를 해야 한다.

이 위원 : 기업의 목표는 경영성과를 통하여 기업가치를 극대화하
　　　　　는 데 있습니다.

따라서 많이 판매하고도 부실채권으로 남는다면 흑자도
산을 면하지 못할 것입니다.

만일 매출액 대비 당기순이익률이 10%라고 가정할 때
매출채권을 회수 하지 못하고 부실채권 10억 원을 대손
처리 한다면, 이를 만회하기 위해서는 얼마나 판매를 해
야 할까요?

재　철 : 네. 이를 만회하기 위해서는 100억 원의 매출을 해야 합
니다.

이 위원 : 와 맞아요.

이렇게 많은 부실채권을 만회하기 위해서는 100억원의
매출을 해야 합니다.

아마도 현실적으로 이를 만회하기 위해서는 엄청난 노
력을 해야 하거나, 노력을 다하였음에도 쉽지 않을 수
있습니다.

따라서 철저히 건전성 관리를 통해서 매출채권을 회수
해야 합니다.

은　경 : 그렇군요.

이 위원 : 회사는 목표달성을 위하여 판매를 합니다.

하지만 무리하게 욕심을 내서 하게 되다 보면 부실채권
을 발생시킬 수밖에 없습니다.

따라서 이러한 문제가 발생하지 않도록 거래처에 대한
리스크 관리를 철저하게 해야 합니다.

동　민 : 그럼, 거래처에 대해서 리스크 관리를 위해 건전성 관리를

어떻게 하는 것이 좋은지요?

이 위원 : 중요한 질문입니다.

여러분이 거래하는 모든 거래처를 동일하게 생각을 하고 거래를 하면 안 됩니다.

거래처에는 정상적인 거래처가 있습니다만, 관찰하면서 거래를 해야 하는 업체, 요주의 거래처, 회수의문 거래처, 사고거래처 등이 있을 수 있기 때문에 조심하면서 거래를 해야 합니다.

가급적으로 정상적인 우량거래처를 많이 확보해야만 안정적으로 매출을 할 수 있고, 수금도 안정적으로 해서 유동성을 확보할 수 있습니다.

그래야만 궁극적으로 기업가치를 극대화 할 수 있는 것입니다.

따라서 거래의 안전성을 확보하기 위해서는 전문성을 갖고 부실 가능성이 있는지 없는지를 시스템적으로 접근하고 체크하여 부실채권 발생 가능성을 없애야 합니다.

재 철 : 그렇군요.

이 위원 : 이렇게 건전성을 관리하면서 매출과 이익을 극대화할 수 있는 전략을 만들어 가야 합니다.

따라서 건전성 여부에 따라서 여신한도를 정해서 판매를 해야 합니다.

가령, 정상적인 거래처 중에는 초우량업체와 정상적인 업체로 나누어 볼 수 있는데, 초우량 업체하고 거래를 할 경우는 판매 극대화 전략을 모색해야겠지요.

하지만 정상적인 거래처 중에도 초우량업체를 제외한 정상적인 거래처는 여신한도를 가급적 정해서 거래를 하는 것이 바람직하다고 봅니다. 그리고 관찰해야할 거래처나, 요주의 거래처나, 회수의문 거래처에 대해서는 여신한도를 정하고 거래를 해야 합니다.

무리하게 거래를 하다 보면 부실채권 발생의 문제가 발생할 수 있습니다.

또한 회수의문의 거래처에 대해서는 가급적 담보 또는 현금 위주로 거래를 해야 합니다. 그리고 사고 거래처는 판매를 중단하고 채권회수를 위한 활동을 해야 합니다.

동 민 : 그렇군요.

저의 회사는 명확하게 건전성 관리를 위한 구분이 안 되어 있는 것 같아요.

그러면, 건전성 관리를 하기 위해서는 업체에 대한 평가 기준을 만들어야 할 것 같은데, 어떻게 해야 하나요?

이 위원 : 그렇습니다.

회사마다 건전성 평가기준을 만들어서 관리를 해야 합니다.

따라서 거래업체에 대해서 건전성 관리, 즉 여신관리를 통하여 집중적으로 관리를 해야 하지, 그렇지 않고 소홀히 하여 임계점에서 벗어나면 사실상 매출채권을 회수 할 수 없는 상황에 놓이게 될 수 있습니다.

은　경 : 그렇군요.

　　　　우리 회사에 맞는 여신 관리 기준을 만들어야겠군요.

이 위원 : 맞습니다.

　　　　여러분 회사에 맞는 여신관리 기준을 만들어야 합니다.

　　　　따라서 사전에 신용평가를 통해서 여신관리를 할 수 있

　　　　는 시스템을 만들 필요가 있습니다.

김 팀장 : 네. 알겠습니다.

　　　　검토를 하겠습니다.

여신관리를 위해서는 신용조사가 기본이다.

이 위원 : 여신관리를 효율적으로 하기 위해서는 사전에 신용조사

　　　　를 해야 합니다.

　　　　신용조사는 거래를 하기 전에 하는 것이 원칙이지만 거

　　　　래 중, 거래 후에도 주기적으로 해야 합니다.

　　　　또한 신용조사를 통해서 여신의 규모는 어느 정도로 납

　　　　품 할 것인가? 결제 조건은 어떻게 할 것인가? 매출채권

　　　　이 문제가 발생 되었을 경우 채권보전을 어떻게 할 것인

　　　　가? 등을 조사하고 검토를 하여 거래를 해야 합니다.

재　철 : 그렇군요.

　　　　그렇다면 신용조사는 어떤 방법으로 해야 합니까?

이 위원 : 신용조사는 우선 정성적 조사, 즉 비재무적요인을 합니다.

우선 정성적 조사를 한다.
※ 정성적 조사는 비재무적 요소이다.

가령, 사업성은 있는지, 경쟁력은 있는지, 경영능력은 있는지, 영업능력은 있는지, 재산능력은 있는지, 자금능력은 있는지, 담보능력은 있는지, 신뢰성은 있는지, 회사분위기는 양호한지 등을 조사해야 합니다.

다음으로 정량적 조사를 합니다.

다음으로 정량적 조사를 한다.
※ 정량적 조사는 재무적 요소이다.

즉 앞에서 말씀드린 재무제표를 통하여 안정성, 수익성, 활동성, 성장성, 생산성 등을 확인해야 합니다.

특히, 이중에서도 거래처에 대해서 체크를 해야 할 내용은 단기적으로 지급능력은 있는지, 장기적으로 지급능력은 있는지, 이자지급은 능력은 있는지, 매출은 정상적으로 성장을 하고 있는지, 이익은 양호하게 내고 있는지, 투자는 적정범위 내에서 하고 있는지 등을 조사해야 합니다.

이와 같이 거래하는 또는 거래하고자 하는 거래처에 대

해서 정성적(40%, 40점)과 정량적(40%, 40점)으로 조사에 대한 평가와 주관적(20%, 20점)으로 가중 평가를 해서 80점 이상이면 정상(90점 이상이면 초우량), 70점 이상이면 관찰, 60점 이상이면 요주의, 60점 미만이면 회수의문, 40점 미만이면 사고거래처로 구분하여 각각의 거래처에 대해서 여신관리한도 기준을 정해서 영업 정책과 연계해서 관리를 해야 합니다.

여신 관리 방법

건전성 기준	정 의	후속 조치
정 상(초우량/우량)	정상적으로 결제되고 있는 거래처	• 정상적으로 거래 지속
관 찰	일시적으로 연체되고 있는 거래처	• 여신한도 관리, 주기적으로 관찰
요주의	부실징후 가능성이 큰 거래처	• 여신한도 관리(담보관리 및 신용공여 심사 시 평가결과 반영) • 3개월마다 이행사항 점검, 필요 시 거래에 따른 특별약정 등
회수의문	부실징후 거래처	• 여신한도 관리 등 특별 회수 대책 강구 • 해당팀장은 관리방안을 수립하여 채권관리팀에 이관
사 고	사고 거래처	• 거래 중단 • 채권관리팀으로 이관하여 관리

동 민 : 그렇군요.

　　　말씀하신 대로 하면 어떠한 기준이 마련되는군요?

이 위원 : 그렇습니다.

　　　여신관리는 시스템적으로 해야 합니다.

다시 말해 주관적으로 마음 내키는 데로 하는 것이 아니라, 기준을 만들어 운영을 해야 합니다.

그렇지 않으면 서로 다툼이 있을 수 있습니다.

은　경 : 누가 다툰다는 것인가요?

이 위원 : 하하하!

그건 영업팀과 여신관리팀 또는 채권관리팀과 서로 다툼이 있을 수 있어요.

그 이유는 영업팀은 판매를 목적으로 하다 보니 다소 생각과 몸이 우선적으로 거래처에 가 있는 경우가 있습니다.

그러나 여신관리팀 또는 채권관리팀은 적절히 통제를 해야 하기 때문에 견제를 하게 되지요.

이 과정에서 기준이 없으면 목소리 큰 사람이 이깁니다.

이렇게 해서는 아니 됩니다.

그리고 최고 경영자의 여신관리 시스템을 만들어서 운영해야겠다는 의지도 중요합니다.

따라서 회사에 맞는 적절한 기준을 만들어야 합니다.

김 팀장 : 위원님.

기준을 구체적으로 어떻게 만들어야 하는지 팁을 주시면 좋겠습니다.

이 위원 : 네 알겠습니다.

몇 가지 팁을 드리겠습니다.

여신 관리를 효과적으로 하기 위해서는 다음과 같이 시

스템적으로 정비를 우선해야 합니다.

첫째, 여신관리 규정을 회사 실정에 맞추어 정비를 해야 합니다.

수주, 계약, 판매, 수금, 영업관리, 영업심사 등 적절히 규율하고 통제할 수 있는 여신관리 규정이 마련되어야 합니다.

둘째, 통제와 견제가 적절히 이루어질 수 있는 심사조직을 운영해야 합니다.

일선 영업부서는 우선 먼저 판매하려고 하는 속성이 강합니다. 따라서 여신관리부서는 적절한 견제와 통제, 조정을 할 수 있어야 합니다.

만일, 적절한 통제와 조정이 이루어지지 않으면 여신한도에 대한 적절한 여신 규모를 관리할 수가 없어 리스크는 크다 할 것입니다.

셋째, 거래처의 경영 상태를 파악하여야 합니다.

거래처에 대한 경영상태, 재무 및 신용상태, 회사분위기 등을 주기적으로 확인, 체크하여 제공 할 수 있는 여신의 규모를 판단하여야 합니다.

넷째, 여신의 규모 및 매출채권의 잔액을 즉시 확인 가능한 시스템을 구축해야 합니다.

ERP와 연동하여 여신한도 및 매출채권의 잔액이 얼마인지 알고 있어야 적절한 여신한도 관리를 할 수 있습니다.

또한 지점, 영업소, 대리점 등 많은 지역에서 판매가 이루어질 시 제공된 여신금액 및 매출채권 금액에 대한 합산이 가능하도록 시스템을 갖추고 정비되어야 합니다.

다섯, 신용상태에 따라 거래를 지속적으로 할 것인지, 여신한도를 증감 운영할 것인지 판단할 수 있어야 합니다. 다시 말해, 여신의 제공을 증가 또는 축소 운영할 것인지를 판단 할 수 있어야 합니다. 내부 부서 간, 상하 간의 의견이 서로 상충 할 때는 충분히 협의를 하여 결정해야 합니다.

다만, 결정된 사항에 대하여는 서로 준수하고 지킬 수 있어야 합니다.

여섯, 합리적이고 객관성을 갖고 업무를 처리해야 합니다. 여신관리 업무는 주관적으로 처리를 하면 안 됩니다. 효율적으로 관리하기 위해서는 합리적이고 객관적으로 처리해야 하고 거래처에 대한 정보는 수시로 파악하고 검토할 수 있어야 합니다.

재　철 : 그렇군요.

여신관리규정을 만들려면 충분한 검토가 필요하겠군요.

혹시 여신관리 규정에 대한 샘플을 구할 수 있을까요?

이 위원 : 네. 알겠습니다.

제가 샘플을 보내 드릴 테니, 그것을 가지고 여러분의 회사에 맞도록 만들어 보세요.

재　철 : 감사합니다.

이 위원 : 영업사원은 거래선과의 수주 및 계약 등 많은 영업활동
을 하고 있는데 이는 회사를 대표하고 있다고 보아야 합
니다.

만일 적절한 회사 방침에 따르지 않고 자율적으로 판단
하여 거래를 하다 보면 그 리스크는 크다 할 것입니다.

영업사원을 일일이 관리하고 통제하기란 사실상 불가능
합니다.

따라서 영업사원이 스스로 관리할 수 있는 자질과 능력
이야말로 중요하지만 회사차원에서 여신관리 규정을 만
들어 스스로 기본적으로 상황처리를 할 수 있도록 교육
도 하고 시스템을 갖추어 줄 필요가 있습니다.

다시 말해 영업사원 스스로 거래처의 건전성 유무를 판
단하고, 문제가 있을 시는 1차적으로 리스크 관리를 하
고, 2차적으로 여신관리팀 또는 채권관리팀과 충분한
협의를 할 수 있도록 해야 합니다.

김 팀장 : 그렇군요.

잘 알겠습니다.

여신관리를 통하여 영업정책에 활용한다.

이 위원 : 거래처에 대한 건전성 관리를 위한 기준 및 시스템을 마
련하였다면, 이를 영업정책에 활용하면 됩니다.

다음의 예를 한번 보시지요.

여신정책에 따른 한도 관리

경보 등급	여신 정책	여신 한도	비 고
정상(초우량 등급)	판매극대화	여신한도 또는 여신한도 무세한(초우량 限)	
경찰	적정 여신한도 관리, 담보관리	최대 신용여신한도 3억, 3억초과시 담보내 기래	
요주의	적정 여신한도 관리, 담보관리	최대 신용여신한도 1억, 1억초과시 담보내 거계	기준표 별노
회수의문	현금위주 기래, 담보내 기래	현금 또는 담보내 기래	
사고	거계 중단	거계시 현금거계	

가령, 위에서 평가한 기준 중 소규모 기업체와 개인사업
자는 정성적(80점)과 주관적(20점)으로 평가를 합니다.
비교적 개인사업자나 소규모기업에 대한 평가시 재무제
표에 대한 평가는 가급적 배제를 합니다.

그러나 외감대상 법인은 정성적(40점)과 정량적(40점)
으로 조사에 대한 평가와 주관적(20점) 가중 평가를 통
하여 평가를 합니다.

이렇게 해서 80점 이상이면 정상업체로 여신을 최대 얼
마 이상 제공 할 수 있습니다. 정상업체 중에서 초우량
업체인 경우에는 최대의 매출을 하기 위해서 여신 한도
는 의미가 없습니다. 따라서 정상적인 업체라 하더라도
모든 업체가 해당되지 않기 때문에 이에 대한 초우량업
체 선정기준을 별도로 정하여 운영을 해야 합니다.

다음으로 70점 이상이면 관찰해야 할 업체와 60점 이상
이면 요주의 업체로 이에 해당하면 여신한도를 반드시

정해서 운영해야 합니다.

이에 대한 여신의 규모는 회사에 따라서 다르겠지만, 예를 들면, 각각 3억, 1억 원을 정합니다. 만일 이에 대한 여신을 초과하여 납품할 경우는 담보를 별도로 확보를 해야 합니다. 물론 담보물에 대해서는 별도의 담보물에 대한 평가 기준을 정하여 적용합니다.

담보는 인적담보 및 물적담보, 보험증권 등 다양합니다. 다음으로 60점 미만이면 회수의문 업체로 이에 대한 여신관리는 담보를 확보하고 거래를 하여야 합니다.

신용거래 시 장기, 악성 채권이 될 확률이 높습니다.

마지막으로 40점 미만이면 사고거래처로 이는 사실상 거래를 중단하고 채권회수에 초점을 맞추어 관리를 해야 합니다.

동 민 : 그렇군요.

위원님. 여신한도를 정해서 운영을 해야 할 것 같은데, 산정방식이 있나요?

가령, 월 여신한도를 어떻게 계산하면 좋은지 한번 예를 들어 주시면 좋겠습니다.

이 위원 : 좋아요.

회사마다 기준을 만들어서 운영을 할 수 있어요.

저 나름대로 기준을 만들어 보았습니다.

다음 표를 한번 보시지요.

여신정책에 따른 적정 월(신용) 여신한도 관리

(단위 : 억원)

예상 판매		매출채권회전일수 (C)	월여신한도산출액(D) Bx(365/C)	여 신 한 도(E)				100%	실 제 판매액 (F)	한 도 초 과 (G) F-E
년간 (A)	월평균 (B)			담보한도 (50%)	연대보증 (30%)	신용한도 (20%)	특별한도 (0%)			
10	83	120	252	126	76	50	0	252	300	48

위에서 예시한 월신용 여신 한도 운영방법은 먼저 거래하고자하는 업체에 대해서 연간 목표 판매 계획 10억 원을 12월로 나눕니다.

그러면 월평균 83백만 원이 산출됩니다.

이렇게 산출된 "월평균 판매액 × (365일/매출채권회전일수)"로 계산하면 월 여신한도액을 산출할 수 있습니다.

이와 같이 계산하면 영업정책상 252백만 원의 월 여신한도가 산출되었음을 알 수 있습니다.

하지만 거래하고자 하는 업체가 '요주의 업체'로 평가가 되었기 때문에 월 신용여신한도로 252백만으로 운영하기에는 불안합니다.

따라서 이를 다시 252백만 원의 범위 내에서 회수의문 업체에 대한 여신정책상 물적담보(근저당, 질권 등) 50%, 연대보증한도 30%, 신용한도(외상) 20%로 정하였다면 이 범위 내에서 여신을 운영해야 합니다.

추가로 여신한도를 늘리고자 한다면 이에 부합하는 담

보 또는 현금위주로 거래를 하는 것이 좋습니다.

다시 한번 강조합니다만, 매출채권 관리는 신용조사와 여신관리를 잘 해야 합니다. 이 부분을 소홀히 하여 여신을 제공한 후에 부실채권 문제가 발생하면 사실상 회수하기란 어려워집니다.

경영을 하면서 매출목표 달성에만 강조를 하다 보면 매출채권 문제를 소홀하게 다루어 질 수 있습니다. 이렇게 되면 당연히 부실채권문제가 발생할 수밖에 없습니다. 이와 반대로 매출채권관리를 강조하다 보면 당연히 매출 확장에 위축이 됩니다.

또한 신용조사와 여신관리를 소홀히 하여 판매에만 치우쳐, 부실채권이 발생하면 이를 회수하기 위해서는 많은 시간과 비용이 발생합니다.

따라서 매출과 매출채권관리를 적절히 잘 관리를 해야 하는데, 이것이 여신관리입니다.

은 경 : 그렇군요.

오늘, 정말 중요하고 많은 것을 배웠습니다.

매출채권 관리 현황을 주기적으로 모니터링 한다.

이 위원 : 하나 더 말씀드리고 싶은 것이 있습니다.

거래처에 대한 매출채권 현황을 항상 모니터링을 해야 합니다. 특히 중요한 거래처에 대해서는 더욱 모니터링을 해야 합니다.

중점관리 대장을 만들어서 관리를 하면 좋습니다.

업체별로 매출추이, 수금추이, 매출채권 추이 등을 볼 수 있도록 설계를 할 필요가 있고, 또한 결제조건, 부실채권이 발생하고 있는 원인 및 문제점, 향후 대책 등을 강구해서 기록 관리하면 좋습니다.

이렇게 관리를 하다 보면 거래처에 대해서 통찰력이 생깁니다.

그리고 문제가 발생되면 즉시 대응을 할 수 있습니다.

그러나 이렇게 관리를 하지 않으면 어디서부터 대응책을 마련해야 할지 어리둥절할 수 있습니다.

재　철 : 맞는 말씀인거 같아요.

지난번 A거래처에 대해서 부실채권이 발생되었을 때 어떤 문제가 있었고, 어떻게 대응을 해야 할지 잘 모르겠더라고요.

좋은 말씀입니다.

모니터링을 하기 위한 좋은 양식을 소개해 주시면 좋겠습니다.

이 위원 : 알겠습니다.

다음의 양식을 참조하여 보세요.

여러분의 회사에 맞추어서 수정하여 활용하셔도 됩니다.

중점관리 대장

업체명	구분	전전월	전월	당월	결제 조건	회수 여부	법적 조치	문제점	대 책
ㅇㅇㅇ	매출액	63,812	71,220	57,352	여 음 3개월	결제 조건 이행 않됨	가입류	신용여신 과다 가입류 실익無	가치 없는 담보 요구 거래 중단 검토 등 임의회수 선토 등
	수금액	42,997	92,041	65,721					
	외상금	312,798	291,977	283,609					
	받을어음	51,400	29,900	24,527					
	매출채권 합계	359,754	381,075	398,900					

은 경 : 네. 감사합니다.

　　　잘 활용하겠습니다.

이 위원 : 앞에서 말씀드린 신용조사와 여신관리는 아주 중요합니다. 사전적 채권관리에서 이 부문이 80%이상 차지한다고 볼 수 있어요.

　　　따라서 여러분 회사에 맞게 시스템을 구축하여 잘 활용하시기 바랍니다.

　　　이상으로 지금까지 재무제표 중 재무상태표, 손익계산서, 현금흐름표, 여신관리 등에 대해서 말씀을 드렸습니다. 내일부터는 손익관리를 위해서 원가관리회계를 중심으로 말씀을 드리겠습니다.

김 팀장 : 위원님. 수고 하셨습니다.

　　　여러분들도 수고 하셨습니다.

이렇게 해서 재무제표를 중심으로 알아보았다.

이제부터는 손익관리를 위해서는 원가관리회계를 이해해야 한다.

제6장

관리회계를 알면 손익관리를 할 수 있다

제6장

관리회계를 알면 손익관리를 할 수 있다

오늘은 아주 기분 좋은 날씨다.

이 위원 : 안녕들 하세요. 잘들 쉬었다 오셨지요.

재 철 : 네. 푹 쉬었습니다.

원가의 기본 개념을 이해한다.

이 위원 : 오늘부터는 손익관리를 위한 다양한 기법에 대해서 말씀
을 드리겠습니다.
손익관리를 위해서는 원가관리회계에 대한 개념을 먼저
이해를 해야 합니다.

김 팀장 : 그렇군요. 가급적 쉽게 설명을 부탁드립니다.

이 위원 : 네. 알겠습니다. 먼저 질문을 하겠습니다.
원가, 즉 Cost란 무엇이라고 생각을 하나요?

은　경 : 제품을 생산하는데 들어간 비용을 말합니다.

재　철 : 생산하는데 들어간 비용을 말합니다.

이 위원 : 네. 좋습니다. 말씀하신 내용 들이 아주 틀린 말은 아니지만, 제 생각은 부가가치를 창출하는 데 들어간 희생가치라고 봅니다. 부가가치란 제품을 말합니다. 다시 말해 제품을 완성하는데, 원재료도 희생되었고 사람 및 비용도 희생되어 완성된 제품으로 탄생 되었다고 봅니다.

동　민 : 아. 그렇군요.

이 위원 : 여러분이 효율적으로 손익관리를 하기 위해서는 기본적인 원가의 종류를 먼저 이해해야 합니다.

첫째, 장소에 따른 분류입니다. 장소에 따른 분류는 제조원가와 비제조원가로 분류를 합니다. 일반적으로 원가라고 표현할 때는 이 제조원가를 가리킵니다.

다시 말해 제조원가는 제품을 생산하는데 발생하는 재료비, 노무비, 경비를 말합니다.

둘째, 요소별 원가입니다.

요소별 원가는 제조원가를 재료비, 노무비, 경비로 분류하는 것을 말합니다. 재료비는 직접재료비(주요재료비, 부문품비)와 간접재료비(보조재료비, 소모공구기구비품비)로 나누고, 노무비는 직접노무비와 간접노무비로 나누고, 경비는 직접경비와 간접경비로 나눕니다.

직접경비는 외주가공비, 특허권사용료, 보험료 등을 제외하고는 대부분 간접경비로 처리합니다.

은　경 : 그렇군요. 비제조원가는 무엇을 말하나요?

이 위원 : 비제조원가는 판매비 및 일반관리비를 말합니다.

판매비 및 일반관리비는 이를 영업비라고 하며, 제조활동에 따라 발생하는 제조원가와는 구별됩니다.

판매비는 영업팀의 판매 활동에 따라 발생하는 비용으로, 판매원의 급여, 포장비, 운반비, 접대비, 광고선전비 등을 말합니다. 일반관리비는 공장이 아닌, 본사 및 영업, 관리팀에서 발생하는 비용을 말하며, 임원 및 사무원의 급여, 복리후생비, 건물 및 설비 등의 감가상각비와 일반관리 부문의 통신비, 사무용품비, 조세공과금 등이 이에 속합니다.

판매비 및 일반관리비는 기간비용으로 처리되며, 매출총이익에서 이를 공제하여 영업이익을 산출하게 됩니다. 영업이익을 증대시키기 위해서는 제조원가를 절감하여야 하며, 또한 일반관리비와 판매비의 절감에 노력을 다해야 합니다.

셋째, 원가를 추적할 수 있느냐, 없느냐에 따라서 추적이 가능한 원가를 직접원가라 하고 추적이 불가능한 원가를 간접원가라라고 합니다.

직접원가는 주요재료비, 직접노무비, 직접경비를 말합니다. 간접원가는 제조간접비라고 하는데, 간접재료비, 간접노무비, 간접경비를 말합니다. 간접재료비와 간접노무비, 간접경비를 제조간접비라고도 합니다. 그리고 직접노무비와 제조간접비를 합산한 것을 가공비라고도 합니다. 마지막으로 원가행태에 따른 분류인데, 이를 조업도에 따른 분류하고도 합니다.

조업도란 기업의 생산설비의 이용 정도를 나타내는 지표를 말하는데, 생산량, 작업시간, 기계시간 등을 사용합니다. 조업도의 증감에 따라 이는 다시 변동비와 고정비, 준변동비와 준고정비로 나눕니다.

변동비는 제품의 제조 또는 판매 수량에 따라서 증감하는 비용을 말하는데, 직접재료비, 직접노무비 등을 말합니다. 그리고 고정비는 제품의 제조 또는 판매 수량 증감에 관계없이 발생하는 비용을 말하는데, 감가상각비, 세금과공과금, 임차료, 관리직의 인건비 등을 말합니다. 준변동비는 조업도의 증감에 관계없이 발생하는 고정비(전력비, 통신비 등)와 조업도의 변화에 따라서 일정 비율로 변화하는 변동비의 두 가지 요소가 동시에 발생하는 원가를 말합니다.

준고정비는 일정한 범위 내에서는 일정한 원가가 적용(생산관리자의 급여, 임차료, 수도광열비 등)되지만 조업도가 일정수준 이상 증가하면 원가 총액이 증가를 하는 것을 말합니다.

이와 같이 말씀드린 원가의 종류 중에서 마지막으로 말씀드린 조업도에 따른 분류가 아주 중요합니다.

은 경 : 와, 그렇군요. 이것을 다 알아야 하나요?

그리고 왜 조업도에 따른 분류가 중요한가요?

이 위원 : 네. 여러분이 원가계산을 직접적으로 계산하는 것은 아니지만, 관리회계를 하기 위해서는 위에 말씀드린 개념 정도는 아시는 게 중요합니다.

특히 조업도에 따른 공헌이익계산서(한계이익계산서 또는 변동회계원가계산서)를 관리하는 것이 중요합니다.

특히, 공헌이익계산서를 다룰 수 있어야 판매전략을 수립하고, 업적에 대한 평가를 하거나, 합리적으로 다양한 의사결정을 할 수 있기 때문입니다.

이 개념을 모르고 관리하면 제대로 된 의사결정을 할 수 없습니다.

김 팀장 : 그렇군요.

공헌이익(률) 관리를 하자.

이 위원 : 기업의 목표는 기업가치를 극대화 하는 데 있습니다.

기업가치를 극대화하기 위해서는 이익의 창출 또는 이익극대화가 전제 되어야 합니다.

특히, 이익을 극대화하기 위해서는 영업전략 수립시 무엇보다 공헌이익을 관리하는 것이 중요합니다.

김 팀장 : 알겠습니다. 저희 회사는 그동안 공헌이익 관리를 하고 있지를 않았습니다. 이번 기회에 잘 배워서 손익을 관리할 수 있도록 해야겠습니다.

이 위원 : 경영은 목표를 정하는 것으로부터 시작합니다.

목표에는 기본목표라는 것이 있는데, 목표이익과 목표매출을 말합니다.

경영자는 이 두 가지 목표를 먼저 정하고 이를 달성하기 위해서 경영방침을 정하고 경영전략을 수립하게 됩니다. 기본목표를 정하기 위해서는 현실적인 여러 제반 정치, 경제, 사회, 문화, 법률, 제도 등 외부환경에 대한 분석을 하고 산업의 전망 및 매출의 크기(Market Size)를 판단합니다. 그리고 경영전략, 조직, 시스템, 인원, 스킬, 업무스타일, 공유가치 등 내부환경에 대해서 장·단점을 분석 합니다. 그리고 이를 바탕으로 SWOT분석을 통하여 비전을 설정하고 이를 달성하기 위한 목표를 정합니다.

재 철 : 그렇군요. 사업계획 수립 시 목표를 정할 때 목표매출이 먼저인지, 아니면 목표이익을 먼저 정해야 하는지요?

이 위원 : 아주 좋은 질문입니다.

회사는 연말이 되면 결산(Closing)을 합니다.

결산의 순서는 영업팀의 매출부터 마감을 하고 각 팀에서 발생한 비용을 집계하여 손익을 산출합니다.

그러나 중장기 사업계획 및 년차 실행계획을 수립할 경우는 통상적으로 목표이익을 먼저 설정하고, 이를 달성하기 위해서 목표매출을 세웁니다.

목표 수립

가령 목표이익 20억 원이라고 먼저 정하고, 이를 달성하기 위해서 목표매출을 150억 원을 정합니다.

이와 같이 목표를 정했다면 비용은 130억 원이 되는데, 이를 허용비용(허락된 비용)즉, 예산이라고 합니다.

이와 같이 130억 원의 예산으로 재료비, 노무비, 경비, 판매비 및 일반관리비 등의 예산을 편성 합니다.

이때, 현실적으로 목표매출 150억 원을 달성하기가 어렵다고 판단되면, 목표이익과 목표매출을 재검토하여 정하면 됩니다.

재　철 : 와. 그렇군요. 그러니까 목표를 정할 때, 매출부터 정하는 것이 아니고 목표이익부터 정하라는 말씀이군요.

이 위원 : 네. 맞습니다. 그러나 신사업의 경우는 목표매출부터 정하고 하는 경우도 있습니다. 왜냐 하면 초기시장에 론칭을 하면서 목표이익 보다도 시장의 진입이 중요하다고 볼 수 있기 때문입니다.

동　민 : 그렇군요. 그렇게 하면서 이익을 내는 시점에서 목표이익을 우선한다는 말씀이군요.

이 위원 : 똑똑하시군요. 하하하. 그리고 기업은 정상적으로 경영
을 하기 위해서는 영업이익을 창출하는 것이 아주 중요
합니다.

재 철 : 왜 그런지, 그 이유에 대해서 설명을 해주세요?

이 위원 : 영업이익은 영업활동을 통하여 창출한 이익입니다.
그 영업이익으로 우선, 금융기관에서 자금을 빌렸다면
이에 대한 채권자에 대한 이자비용을 지불해야 합니다.
또한 사업소득에 대한 법인세를 납부하고, 주주에 대한
배당금도 지급해야 됩니다.
그리고 회사가 성장을 위해서는 투자를 해야 하는데,
영업이익으로 성장의 기반이 됩니다.
그 외에도 협력업체가 단가인상 시 이에 대한 보전도
해주어야 하고, 종업원의 임금인상 및 복리후생비 증
액, 물가 상승요인에 대한 지불 등을 해야 하는데, 이는
영업이익을 가지고 사용하게 되기 때문입니다.
영업이익은 당연히 높을수록 좋습니다.

은 경 : 그럼 영업이익을 많이 내도록 관리를 하면 되겠네요?

이 위원 : 물론, 당연합니다. 영업이익(률)을 많이 내는 것은 중요
합니다. 그러나 가급적으로 판매전략을 수립하기 위해
서는 공헌이익(한계이익)이 더 중요합니다.

재 철 : 왜 그렇지요?

이 위원 : 영업이익은 회사 전체에 대한 이익을 표시하기 때문에
중요하지만, 구체적인 판매전략을 수립하기 위해서는

무엇보다 공헌이익을 관리하는 것이 중요합니다.

동 민 : 공헌이익이 중요하다고 하시는데, 개념이 무엇이고 어떻게 계산을 하는지 말씀을 해주십시오.

이 위원 : 네. 알겠습니다.

공헌이익(률)이란 2가지로 설명을 할 수 있습니다.

하나는 고정비를 회수하는 데 사용한 비용을 말합니다. 다른 하나는 제품(상품) 1단위를 판매함으로서 얻을 수 있는 이익을 말합니다.

공헌이익은 매출액에서 변동비를 공제한 것을 말합니다. 다시 말해, 공헌이익은 변동비를 초과하게 되면 발생합니다.

매출액 - 변동비 = 공헌이익(또는 한계이익) - 고정비 = 영업이익(또는 세전이익)

※ 공헌이익은 고정비를 커버하는데 기여한 이익을 말한다. 다른 측면에서는 제품1단위를 판매하는데 얻을 수 있는 이익(률)을 말한다.

공헌이익(률)에 대한 개념을 이해하기 위해서는 손익분기점 매출액을 구해야 합니다.

은 경 : 그렇군요. 재미있습니다.

바로 설명을 해주세요?

손익분기점매출액을 검토한다.

이 위원 : 좋아요.

　　　　모두 열심히 들어 주시니 제가 엔돌핀이 도네요.

재　철 : 질문 있습니다.

　　　　그럼, 공헌이익을 알기 위해서는 변동비와 고정비를 먼저 분해를 해야 할 것 같은데, 이게 맞나요?

이 위원 : 맞아요.

재　철 : 어떻게 해야 하는지 방법을 가르쳐 주세요?

이 위원 : 예. 이건 비밀인데. 하하하 …

　　　　좋아요. 말씀을 드리겠습니다.

　　　　먼저, 손익분기점 매출액을 구하는 것을 이해해야 합니다. 손익분기점매출액을 구하기 위해서는 가정이 필요한데, 매출(수익)은 일정하게 상승한다는 것과, 총비용(총원가)은 변동비와 고정비로 분해를 해야 합니다. 이 작업을 하려면 회계팀에서 자료를 먼저 구해야겠지요. 가령, 제조원가명세서와 손익계산서를 가지고 먼저 변동비와 고정비에 대한 비용 분해 작업을 합니다.

동　민 : 비용분해는 어떻게 하나요?

　　　　비용분해 작업에 대한 기준이 있나요?

이 위원 : 일반적으로 원칙은 없습니다.

　　　　다만, 변동비와 고정비 분해는 원가관리회계 차원에서 최고의사결정자(CEO)의 의견이 반영되어 기준을 만들어서, 그 누가 작성해도 같은 기준이 적용 돼야한다는 것입니다.

작성하는 사람마다 기준이 다르면 안 되겠지요.

다만, 회사가 정상적으로 운영하는 상황이냐, 중단 상황이냐에 따라 달리 비용분해 방법이 차이가 있을 수는 있습니다.

동　민 : 그렇군요.

그래도 일반적인 기준이 있을 것 같은데. 어떤 방법을 알려 주시지요?

이 위원 : 네. 회사가 정상적으로 운영한다는 가정 하에서 말씀드리겠습니다.

우선 제조원가명세서상 원가요소를 말씀드려 보겠습니다.

일반적으로 재료비는 변동비로 봅니다.

재료비는 원재료 및 부재료(포장재 등)를 말합니다.

변동비는 매출이 증가함에 따라 같이 증가하는 비용입니다.

예를 들어 제품을 100개 판매하려면, 이에 대한 원재료가 필요하고, 제품 판매가 200개로 두 배 증가하면 원재료도 동시에 두 배 더 필요하게 됩니다.

이와 같이 매출이 증가할 때 비례해서 증가하는 비용을 변동비라고 합니다.

고정비는 매출의 변동에 관계없이 일정하게 발생하는 비용을 말합니다.

가령 공장장의 급여나 감가상각비는 지출이 증가하던 감소하던 일정하게 발생하는데, 이러한 것들이 전형적인 고정비라고 할 수 있습니다.

노무비는 두 가지로 분류해서, 직접노무비는 변동비로 보고, 간접노무비는 고정비로 봅니다.

경비는 계정과목별 성격에 따라서 변동비 성격이 있고, 고정비 성격으로 나눕니다. 경비 중 변동비는 외주가공비, 수선비 등이 있고, 고정비는 지급임차료, 보험료, 감가상각비, 제세공과금, 소모품비 등이 있습니다.

그런데, 어떤 경비 중에는 변동비 성격과 고정비 성격이 혼재되어 있는 경우가 있는데, 이러한 경우도 적정한 비율로 나누어 변동비(준고정비)와 고정비(준변동비)로 나누어 계산을 합니다.

가령, 전력비는 변동비 성격이 강합니다. 그런데, 전력비는 기본전력비가 있고, 생산을 많이 하면 전력비는 상승을 합니다. 이러한 경우에, 기본전력비는 고정비로 보고, 추가분은 변동비로 봅니다.

동   민 : 그렇군요.

판매비 및 일반관리비는 어떻게 나누나요?

이 위원 : 네. 마찬가지입니다.

판매비 및 일반관리비도 고정비와 변동비로 나눌 수 있습니다.

관리직원의 인건비 및 복리후생비, 소모품비, 감가상각

비, 지급임차료, 세제공과금 등은 매출과 관계없이 발생하여 고정비로 봅니다.

그러나 판매수수료, 접대비, 광고선전비 등은 매출과 비례해서 발생하므로 변동비로 봅니다.

판매비 및 일반관리비도 계정과목별 성격에 따라서 변동비 성격이 있고, 고정비성격으로 나눕니다. 이러한 경우도 적정한 비율로 나누어 변동비(준고정비)와 고정비(준변동비)로 나누어 계산을 합니다.

김 팀장 : 영업외비용은 어떻게 처리를 해야 하나요?

이 위원 : 와우. 질문이 예리합니다.

역시 팀장님이시군요.

맞아요. 영업외 비용도 손익분기점매출액을 구할 때 반영을 할 때가 있고, 하지 않을 때가 있습니다.

만일, 영업이익까지만 검토할 경우는 재료비, 노무비, 경비, 판매비 및 일반관리비까지만 변동비와 고정비의 비용분해를 하면 되지만, 세전이익(법인세비용차감전순이익)까지 검토할 경우는 영업외 비용도 반영을 해야 하는데, 이 경우는 영업외 수익과 영업외 비용에 대해서 각각의 계정을 분류 하는 게 아니라 영업외 수익과 영업외 비용의 합계액을 서로 가감하여 영업외 수익이 많으면 고정비에서 차감을 하고 영업외 비용이 많으면 고정비에 추가로 합산을 하는 것입니다.

김 팀장 : 아. 그렇군요.

이 위원 : 이렇게 변동비와 고정비를 분해를 하면 다음의 공헌이익
계산서를 작성할 수 있고 손익분기점매출액을 계산할 수
있습니다.

공헌이익은 매출액에서 변동비를 차감하면 됩니다.

공헌이익과 공헌이익률을 산출하면 손익분기점(BEP,
Break even point) 매출수량과 매출액을 쉽게 계산을
할 수 있습니다.

공헌이익계산서(변동회계원가계산서)

구 분	금 액	구성비
Ⅰ. 매 출 액	400,000	100%
판 매 량	500	
판매 단가	800	
Ⅱ. 변 동 비	240,000	60%
Ⅲ. 공 헌 이 익	160,000	40%
Ⅳ. 고 정 비	100,000	25%
Ⅴ. 영 업 이 익 (세전이익)	60,000	15%

※ 판매전략과 손익관리를 효율적으로 하려면 공헌이익계산서를 관리할 수
있어야 한다.

손익분기점은 2가지로 구할 수 있는데요. 먼저, 하나는
손익분기점 판매수량을 구합니다.

손익분기점 판매수량 = 고정비 / @공헌이익
※ @공헌이익 = @판매단가 − @변동비
※ @변동비 = 변동비 / 판매수량

이와 같이 @공헌이익을 구하면 손익분기점 판매수량을 구할 수 있습니다.

가령 매출액이 400,000원이 예상되는 경우 손익분기점 판매수량은 312.5개입니다.

(손익분기점 판매수량 312.5개 = 고정비 100,000원 / @공헌이익 320원)

(@공헌이익 320원 = @판매단가 800원 − @변동비 480원)

즉 312.5개를 판매할 때까지는 이익이 발생하지 않습니다. 그러나 이를 초과하면, 초과된 제품(상품) 1개를 판매 시 320원의 공헌이익이 발생합니다.

다른 하나는 손익분기점 매출액을 구합니다.

손익분기점 매출액 = 고정비 / 공헌이익률(%)
※ 공헌이익률(%) = 공헌이익/매출액
※ 1 = 공헌이익률(%) + 변동비율(%)

이와 같이 공헌이익(률)을 계산하게 되면 손익분기점매출액(BEP)을 구할 수 있습니다.

이때 손익분기점매출액을 초과한 매출액에서 공헌이익율(%) 만큼의 이익이 발생합니다.

손익분기점 도해

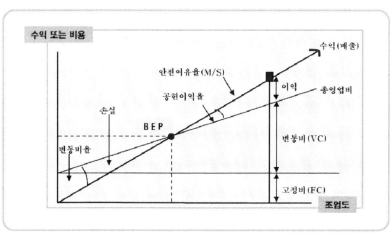

가령 매출액이 400,000원이 예상되는 경우 손익분기점 매출액은 250,000원입니다.

(손익분기점 매출액 250,000원 = 고정비 100,000원 / 공헌이익률 40%)

즉 250,000원을 판매할 때까지는 이익이 발생하지 않습니다.

그러나 이를 초과하면, 초과된 매출액의 40%만큼 공헌이익률이 발생합니다.

즉 150,000원 × 40% = 60,000원이의 영업이익(또는 세전이익)이 발생합니다.

재 철 : 그렇군요.

공헌이익은 높을수록 좋겠군요.

이 위원 : 그럼요.

공헌이익(률)은 당연히 높을수록 좋습니다.

가급적 공헌이익률은 30% 이상이면 좋습니다.

공헌이익(률)은 고정비를 커버하면 초과금액만큼 이익(률)이 발생하는 것입니다.

이와 같이 공헌이익(률)은 사업부별, 지점별, 거래선별, 제품(상품)별로 다양하게 검토를 할 수 있습니다.

공헌이익은 회사의 이익을 좌우하는 아주 중요한 관리수단입니다.

공헌이익을 높이기 위해서는 판매단가를 인상하든지, 원가를 낮추는 방법을 검토해야 합니다.

하지만 판매단가를 인상할 경우는 판매수량이 감소할 수 있기 때문에 이에 대한 충분한 검토가 필요합니다.

동 민 : 그렇군요.

이 위원 : 변동비와 고정비의 변동은 의사결정에 아주 중요한 요소입니다.

변동비의 증감은 공헌이익률과 손익분기점 모두를 변화시킵니다. 하지만 고정비의 증감은 공헌이익률은 변화시키지는 않으나 손익분기점은 변화를 가져옵니다.

다시 말해 변동비의 증가는 판매가격의 인하와 같은 영향을 미치고, 줄이면 판매가격의 인상과 같은 효과가 발생합니다.

또한 고정비가 늘어나면 손익분기점은 높아지나 감소하면 상대적으로 낮아집니다.

이러한 기본적인 개념에 대해서 이해를 하신다면 손익관리를 좀 더 효율적으로 할 수 있습니다.

은 경 : 와우. 잘 알겠습니다.

이 위원 : 원가의 중요성에 대해서 좀더 말씀을 드려야겠습니다.

기업경영을 하면서 이익을 내기 위해서는 원가의 중요성이 무엇보다도 큽니다.

원가란 부가가치를 창출한 희생가치를 말하는데, 상품의 경우는 외부에서 구입한 원가를 말하고 제품의 경우는 제품 생산에 소요된 원재료비, 인건비, 경비 등을 말합니다.

이익을 높이기 위해서는 할 수만 있다면 매출액을 높이거나 원가를 낮추면 됩니다. 그러나 무한경쟁 시대에서 가격을 인상하는 데는 한계가 있습니다.

따라서 가급적으로 원가를 낮추는 것이 중요합니다.

원가를 낮추게 되면 가격을 인하할 수 있는 여력도 생기게 됩니다.

가령 백두산업㈜의 매출액이 100억 원이고 비용이 99억 원이면 이익은 1억 원입니다.

만일, 매출이익율이1%인 현재의 이익 구조를 2%로 높이려면 매출액을 200억 원이 되게 해야 합니다(원가는 100% 증가한다고 가정).

반면에, 매출을 증가시키지 않고 비용을 99억 원에서 98억 원으로 1억 원만 감소시키면 회사의 이익 구조는 바로 매출이익율 2%가 됩니다.

따라서 원가의 중요성이 더욱 크다고 볼 수 있습니다.

김 팀장 : 그렇군요. 원가의 중요성을 갖고 영업기획 및 관리를 해야겠습니다. 그런데 위원님. 공헌이익을 구하면, 이를 가지고 의사결정에 어떻게 활용할 수 있을까요?

공헌이익(률)관리로 효율적인 판매전략을 수립한다.

이 위원 : 좋은 질문이어요.

공헌이익(률) 관리를 할 수 있다면 다양한 의사결정에 활용할 수 있습니다.

공헌이익을 관리하는 것은 무엇보다 중요합니다.

가령, 이익계획 및 예산수립을 하든지, 원가구조를 개선한다든지, 판매가격을 인상 및 인하 결정을 하든지, 특별 주문에 따른 활용을 한다든지, 특정 부분의 생산라인의 확장 또는 폐지하든지, 제품 및 거래선별 전략을 재수립하든지, 투자의사 결정시 활용하든지, 자가제조 또는 외주를 하든지 등 다양한 의사결정을 할 수 있습니다.

다음과 같은 자료를 만들어 관리할 수 있다면 훌륭한 영업전략을 수립할 수 있습니다.

영업전략 수립을 위한 공헌이익(률) 분석

구 분	제품(상품)	A	B	C	합계
1 개당	판매가격(①)	200	600	1,000	1,800
	변동비(②)	160	360	400	920
	변동비율(②/①)x100	80%	60%	40%	51.1%
	공헌이익(③=①-②)	40	240	600	880
	공헌이익률(④=③/①)x100	20%	40%	60%	49%
전체	판매수량(개)⑤	100	60	20	180
	매출액(①x⑤)	20,000	36,000	20,000	76,000
	변동비(②x⑤)	16,000	21,600	8,000	45,600
	공헌이익(③x⑤)	4,000	14,400	12,000	30,400
	고정비⑥				25,000
	이익				5,400
	손익분기점⑥/④				51,020

이 위원 : 한번 5분의 시간을 드릴 테니 신중히 검토를 해보세요?
본 자료는 여러분이 주신 자료를 가지고 검토한 자료입니다.
어떤 제품(상품)을 판매하는 것이 좋은지 한번 말씀해 보세요?

재 철 : 네. 제가 말씀을 드리겠습니다.

C제품을 판매하는 것이 유리합니다.

이 위원 : 그건 왜 그렇지요?

재　철 : 공헌이익률이 60%로 가장 높기 때문입니다.

이 위원 : 맞아요.

　　　　판매되고 있는 제품을 분석한 결과 A～C제품 중 공헌이익률이 가장 높은 것은 C제품으로 60%입니다.

　　　　매출액 규모로 보면 B제품이 36,000원으로 가장 높습니다. A제품은 판매수량이 100개로 가장 많이 판매를 하고 있으나 공헌이익률이 20%로 가장 낮아 공헌이익은 4,000원에 그치고 있습니다.

　　　　반면에 C제품은 판매수량이 가장 적은 20개에 불과하나 공헌이익률이 상대적으로 높아 공헌이익은 12,000원이나 됩니다.

　　　　그러므로 ㈜백두산업은 A제품보다는 공헌이익이 높은 C제품의 매출을 확대하는 판매전략을 수립하는 것이 중요합니다.

　　　　이와 같이 다품종 제품을 생산하는 기업에 있어서는 채산성이 낮은 제품을 발견하고 공헌이익률이 높은 제품의 매출을 증대시기는 것이 무엇보다 중요합니다.

은　경 : 그럼. 공헌이익률은 제품별로 산출하여 적용을 할 수 있나요?

이 위원 : 네. 가능합니다.

　　　　공헌이익(률)은 제품(상품)별 뿐만 아니라 공장별, 지점

별, 영업지역별, 사업소별로 나누어 채산성을 분석하는
데 활용할 수 있습니다.

따라서 공헌이익을 관리하게 되면 책임경영도 가능합니다.
또한 거래처별로도 따져볼 수 있기 때문에 전략적 영업
이 가능합니다.

당연히 공헌이익(공헌이익률)이 높은 쪽으로 전략을 많
이 투입해야 하지 않을 까요?

일반적인 재무회계인 손익계산서를 통해서는 전반적인
재무적 성과와 건전성을 알 수는 있지만 특정제품의 수
익성을 살펴보거나 새롭게 개발 및 도입하려고 하는 경
우는 한계가 있기 때문에 관리자와 경영자는 공헌이익
계산서(변동회계원가계산서)를 적용하여 의사결정을 할
필요성이 있다고 봅니다.

동 민 : 와. 공헌이익(률)을 관리하면 확실히 어떤 제품을 판매해
야 하는지 명확해지는군요.

오늘 말씀을 해 주신 것을 반복해서 학습을 해야겠어요.
정말 최고의 명강의입니다.

그냥 무조건 아무거나 많이 판매하는 것이 전부가 아니라
는 것을 알았습니다.

김 팀장 : 와우, 다들 다소 머리 아파하는 것 같아요.

오늘은 이만하고 다음 주에 이어서 강의를 해주셨으면
합니다. 고생들 많았습니다.

이 위원 : 좋아요.

지금까지 잘들 따라 오셨습니다.

다음 주에는 공헌이익(률)을 가지고 좀 더 다양한 의사결정하는 방법들을 말씀드리도록 하겠습니다.

수고하셨습니다.

이렇게 해서 오늘은 마무리하고, 다음 주에 다시 학습하기로 하였다.

목표이익을 먼저 정하면 목표매출을 구할 수 있다.

이 위원 : 안녕들 하세요.

　　　　지난 주말은 잘 들 쉬었지요.

재　철 : 저는 주말 동안 지난주 말씀하신 내용들을 복습하였습니다.

동　민 : 저도 복습을 했습니다.

이 위원 : 와우. 열정이 대단들 하시네요.

　　　　여러분의 회사가 밝아 보입니다.

　　　　오늘은 다양한 의사결정을 할 수 있는 방법들에 대해서 말씀을 해 보겠습니다. 먼저 질문을 해보겠습니다.

　　　　사업계획 수립 시 목표를 정하게 되는데, 이익목표가 먼저일까요? 아니면 매출목표가 먼저일까요?

은　경 : 네. 지난주 말씀을 해주셨습니다.

　　　　당연히 목표이익이 먼저입니다.

이 위원 : 와우. 굿입니다.

　　　　일전에 말씀드린바가 있지만, 목표이익을 먼저 정하고

이를 달성하기 위해서 목표매출을 정하게 되는데, 목표매출에서 목표이익을 차감하면 허용비용이 산출됩니다.

② 목표매출 400,000원 - ① 목표이익 60,000원 = ③ 허용비용 340,000원

구 분	금 액	구성비
I. 매 출 액	400,000	100%
판 매 량	500	
판매 단가	800	
II. 변 동 비	240,000	60%
III. 공헌 이익	160,000	40%
IV. 고 정 비	100,000	25%
V. 영업 이익 (세전이익)	60,000	15%

여기서 목표이익을 먼저 정했다면 손익분기점매출 공식을 활용하면 이 목표이익을 달성하기 위한 매출액을 계산할 수 있습니다.

손익분기점 매출액 = 고정비 + 목표이익/ 공헌이익률(%)

예를 들어 이 공식에 대비하여 목표이익을 매출액의 20%를 정했다면 다음과 같이 산출됩니다.

(고정비 100,000원 + 목표이익 80,000)/공헌이익률 40% = 450,000원

이와 같이 목표이익 80,000원을 달성하기 위해서는 450,000원의 매출목표를 달성해야 하는 것입니다.

재 철 : 그렇군요.

공헌이익계산서로 목표매출액의 산출이 가능하군요.

이 위원 : 그렇습니다.

잘 활용해 보세요.

김 팀장 : 저의 회사에서는 그동안 원재료 상승도 있고 해서, 다음 달부터 판매단가 인상을 검토하려고 합니다.

이 경우에 어떻게 분석을 해야 하는지요?

판매단가를 인상 or 인하 시 고려할 요소는?

이 위원 : 네, 좋은 질문입니다.

판매단가를 인상하거나 인하 시에도 손익분기점을 활용할 수 있습니다.

다음 자료를 보시지요.

판매단가 인상 or 인하 시 검토

구 분	기준(BEP)		10%인상		10%인하	
	금 액	%	금 액	%	금 액	%
매 출 액	50,000	100.0	55,000	100.0	45,000	100.0
변 동 비	30,000	60.0	30,000	54.5	30,000	66.6
공 헌 이 익	20,000	40.0	25,000	45.5	15,000	33.3
고 정 비	20,000	40.0	20,000	36.4	20,000	44.4
이 익	0	-	5,000	9.1	-5,000	-11.1

※ 판매단가를 인상하거나 인하를 할 경우는 손익분기점을 계산하여 의사 결정을 한다.

위 자료를 보면 현재의 손익분기점 매출액은 50,000원 입니다. 만일 판매단가를 10%인상 하려면 인상후 손익 분기점을 따져봐야 합니다.

고정비 20,000원 / 공헌이익률 45.5% = 43,956원이 나옵니다.

그러면 인상 전 손익분기점매출액과 인상 후 손익분기 점매출액의 차이를 보면 △12.1% 만큼 차이가 납니다. 그렇다면 판매단가를 인상하기 위해서는 매출감소, 즉 고객 이탈현상이 12.1% 미만으로 나타나면, 판매단가 를 인상해도 됩니다.

하지만 12.1% 이상으로 매출감소가 나타날 것 같으면 판매단가 인상을 하지 않는 것이 좋습니다.

김 팀장 : 그렇군요.

좀 더 검토를 해야 겠습니다.

판매단가 인하에 대한 말씀도 해주시지요.

이 위원 : 판매단가 인하 시에도 손익분기점을 따져 봅니다.

고정비 20,000원 / 공헌이익률 33.3% = 60,060원이 나옵니다.

그러면 인상 전 손익분기점매출액과 인상 후 손익분기점 매출액의 차이를 보면 20.1% 만큼 차이가 납니다.

그렇다면 판매단가를 인하하기 위해서는 매출증가가 20.1% 이상으로 나타나면, 판매단가를 인하해도 됩니다.

하지만 20.1% 미만으로 매출증가가 나타날 것 같으면 판매단가 인하를 하지 않는 것이 좋습니다.

은　경 : 와우. 그렇군요.

잘 검토를 해서 의사결정을 해야겠네요.

이 위원 : 그렇습니다.

판매가격정책은 영업정책의 하나로 제품(상품)의 판매 가격을 얼마로 정할까 하는 것은 중요합니다.

판매가격을 고가로 할지, 중가로 할지, 저가로 할지를 정 해야 하는데, 여러 제반요소를 고려하여 정하게 됩니다.

판매가격을 정하는 것은 당연히 원가와 마진입니다.

재료비, 노무비, 경비, 판매비 및 일반관리비 등 투입된 총원가를 계산하고 이에 마진(Margin)을 더해서 가격 을 정합니다.

이와 같이 원가가 지나치게 높아서 시장에서 유통되는

소비자의 심리보다 높게 책정된다면 구매력을 잃을 것이고, 이와 반대로 원가경쟁력이 좋아서 낮게 유통된다면 구매력은 살아 날 것입니다.

판매가격은 소비자가 생각하는 가격 범위 내에 판매가격을 정하는 것이 중요 합니다. 따라서 판매가격 정책을 수립 할 경우에는 여러 가지 제반 요소를 반영하여 정해야 합니다.

재　철 : 네, 그렇군요.

판매가격 정책 시 고려요소는 무엇인가?

이 위원 : 우선 원가를 고려해야 합니다.

제품의 원가에는 개발 성공 전에 발생한 시제품, 인건비, 비용 등 연구개발원가를 포함할 것인가, 디자인원가도 포함할 것인가, 재료비, 노무비, 경비 등 원가의 3요소만을 원가로 책정할 것인가, 또한 마케팅원가 및 유통원가, 고객서비스 원가 등을 포함할 것인가를 고려해야 합니다.

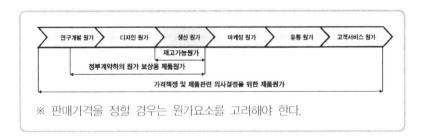

※ 판매가격을 정할 경우는 원가요소를 고려해야 한다.

둘째, 소비자의 가치를 반영해야 합니다.

소비자가 구매하는 가격이 비싸다고 생각을 하였더라도 가치가 있다고 판단되면 소비자는 구매를 합니다.

브랜드에 대한 평판, 접근에 대한 편리성, 취향 및 품질 등이 좋다고 판단되면 기꺼이 구매를 한다고 볼 수 있습니다.

셋째, 경쟁자의 가격을 고려해야 합니다.

시장에 유통시키고자 하는 비슷한 제품(상품)이 있다면 판매가격이 높은지 낮은지를 검토해 봐야 합니다.

넷째, 배송에 대한 서비스도 중요합니다.

제품(상품)의 차별성과 가격 경쟁력도 중요합니다.

하지만 오프라인과 더불어 온라인 판매 시 배송 서비스에 대한 부분도 중요합니다. 이 경우 신속한 배송은 중요하지만 안전하게 포장해서 배송해 주는 것이 중요합니다.

동 민 : 그렇군요.

판매단가 정책 시 추가적으로 어떤 점이 있나요?

이 위원 : 판매가격 정책수립 시 추가적으로 고려 사항을 말씀드리겠습니다.

목표 가격을 정한다.

판매가격을 정할 때 시장을 확대 할 것인가, 수익성을 제고 할 것인가, 기업의 존속 유지에 목표를 두고 가격을 정할 것인가를 정해야 합니다.

목표 가격이 정해 졌다면 경쟁시장에서 어떠한 방향으로 할 것인지 가격전략 방향을 정합니다. 가령, 상대적으로 고가전략으로 한다든지, 대등한 가격으로 한다든지, 상대적으로 저가전략을 취해야 합니다.

가격정책은 다음 4가지로 정할 수 있습니다.

① 프리미엄 가격전략(Premium Pricing Strategy) →
  예 : 반도체브랜드 매력과 가치에 큰 영향을 받기 때문에 고가 전략이라고도 합니다.

② 저가 가격전략(Economic Pricing Strategy) 값은 싸게 박리다매라는 기분으로 주문 메뉴수를 늘리는 전략으로 프리미엄 가격전략과 대비 됩니다.

③ 스키밍 가격전략(Skimming Pricing Strategy) →
  예 : 핸드폰 출시
  신제품을 시장에 처음 내놓을 때 진출가격을 고가로 책정한 후 점차적으로 시장 상황에 따라 가격을 내리는 전략으로 고가전략이라고도 합니다.

④ 침투가격전략(Penetration Pricing Strategy) →
  후발주자들이 주로 사용
  기업이 신제품을 출시할 때 처음에는 경쟁제품보다 낮은 가격을 제시한 후 점차적으로 가격을 올리는 전략으로 스키밍 가격전략과 대비 됩니다.

김 팀장 : 말씀하신 내용들을 잘 숙지하여 검토를 하겠습니다.

감사합니다.

재 철 : 위원님.

거래처에 견적서를 제출할 경우, 견적원가 검토를 해야
합니다.

주문받은 물품에 대해서 공헌이익 견적원가계산서를 작
성하고 싶은데, 이에 대해서 말씀을 해주셨으면 합니다.

거래처의 공헌이익 견적원가계산서를 작성한다.

이 위원 : 네. 중요한 질문을 해주셨습니다.

거래처로부터 주문을 받으면 당연히 공헌이익 견적원가
를 검토해야 합니다.

만일, 거래처로부터 주문을 받고 손익을 따져 보지도
않고 납품하는 경우가 있는데, 그렇게 하면 안 됩니다.

최소한 견적원가를 계산해서 어느 정도의 마진(Marign)
이 나오는지 검토를 해야 합니다.

세품(싱품) 1개당 공헌이이계산서를 작성할 수 있습
니다.

견적원가를 작성하는 경우는 실제발생한 원가를 기준으
로 작성할 수도 있지만, 사업계획을 가지고 작성할 수
도 있습니다.

동　민 : 견적원가 작성요령과 작성 양식이 있으면 소개를 해주시
　　　　 지요.

이 위원 : 좋습니다.

　　　　 다음 양식을 한번 보시지요.

　　　　 이와 같이 한번 작성해 보세요.

　　　　 우선 제품(상품)별 판매단가를 확인합니다.

　　　　 그리고 재료비는 투입하는 각각의 재료비별로 구입단가
　　　　 에 기준 원단위를 적용하면 계산이 됩니다.

　　　　 노무비와 경비 및 판매관리비, 이자비용 등은 사업계획
　　　　 에 수립된 금액에서 판매량으로 나누어 주면 계산이 됩
　　　　 니다.

　　　　 이렇게 해서 매출액에서 변동비를 차감하면 공헌이익
　　　　 (또는 한계이익)이 산출되는데, 공헌이익이 일단 나오
　　　　 면 그 제품(상품)으로부터 이익이 나옵니다.

　　　　 즉, 제품(상품) 1단위로부터 얼마의 금액이 나오게 되
　　　　 는데, 여기에다 총판매 수량을 곱해주면 전체의 공헌이
　　　　 익이 나옵니다.

제품(상품)별 공헌이익 견적원가 검토서

【 거래처 : ○ ○ 주식회사】 (단위 : 원)

구 분			단 중	제품명					비 고
				구입단가	단위	원단위	원가/개	구성비	
Ⅰ. 판 매 단 가(원/개)							49,800	100%	판매단가는 실행단가임(Table 1. 7쪽)
변 동 비	재 료 비	1. 000	1	51,000	Ton	0.257	15,677	31.5%	원단위는 예상품 기준예산가
		2. 000	1	20,000	Ton	0.053	1,060	2.1%	
		3. 000	1,500	13,000	㎡	598	7,783	15.6%	
		4. 000	1,450	13,000	㎡	948	8,499	17.1%	
		계(1)			㎡	1,848	33,945	68.2%	
	노 무 비	1. 임금					2,000	4.0%	사업계획기준(노무비 ÷ 생산량)
		2. 제수당					300	0.6%	
		3. 잡급					100	0.2%	
		4. 퇴직급여					100	0.2%	
		계(2)					2,500	5.0%	
	경 비	1. 외주가공비					500	1.0%	사업계획기준(경비 ÷ 생산량)
		2. 특허권사용료					200	0.4%	
		3. 전력비					50	0.1%	
		계(3)					750	1.5%	
	판 관 비	1. 운반비					210	0.4%	사업계획기준(판매관리비 ÷ 판매량)
		2. 지급수수료					23	0.0%	
		3. 광고선전비					100	0.2%	
		4. 접대비					100	0.2%	
		계(4)					433	0.9%	
	변동비 계(1 + 2 + 3 + 4)						37,631	75.6%	
Ⅲ. 공 헌 이 익(Ⅰ-Ⅱ)				0			12,169	24.4%	
Ⅳ 고 정 비	기 타	경 비		0			1,500	3.0%	사업계획기준(경비 ÷ 생산량)
		판매관리비					1,000	2.0%	사업계획기준(판매관리비 ÷ 판매량)
		이자 비용		0			1,500	3.0%	사업계획기준(이자비 ÷ 판매량)
	Ⅳ. 고정비 계(3+4)			0			3,000	6.0%	
Ⅴ. 단위당세전이익(Ⅲ-Ⅳ)				0			9,169	18.4%	

■【 예상물량 15,000개 판매시 손익 예상 】

구 분	판매가	변동비	공헌이익	고 정 비	이 익	의사 결정
1개 기준	49,800	37,631	12,169	3,000	9,169	판 매
15,000	747,000,000	564,472,208	182,527,792	45,000,000	137,527,792	

※ 공헌이익 견적원가표는 실제 발생원가 또는 사업계획을 기준으로 작성한다.

가령 위 표에서 보면 1개 판매 시 49,800원입니다. 변동비는 1개당 37,631원(재료비는 33,948원, 노무비 2,500원, 경비 750원, 판매관리비는 433원)입니다. 그러면 판매단가에서 변동비를 차감하면 1개당 공헌이익이 12,169원 산출됩니다. 여기에 판매하고자 하는 전

체수량 15,000개를 곱하면 총 182백만 원의 공헌이익
이 나옵니다.

재 철 : 네, 그렇군요.

그럼 제품(상품)을 20,000개 판매를 하면 243백만 원(1
개당 공헌이익 12,169원 × 20,000개)의 공헌이익이 나
온다는 말씀이군요.

이 위원 : 그렇습니다. 잘 알아 들으셨네요.

김 팀장 : 그런데, 고정비는 1개당 3,000원이 있는데, 이는 어떻게
판단을 해야 하는지요?

이 위원 : 네, 좋은 질문입니다.

고정비는 2가지로 판단을 하실 수 있습니다.

하나는 회사의 전체 손익분기점매출액을 초과하여 판매
를 해서 세전이익이 나오면 공헌이익은 무조건 이익으
로 기여가 되는 것입니다.

다른 하나는 전체 손익분기점매출액을 초과하여 판매를
했으나 세전이익이 나오지 않거나 또는 현저히 판매 부
진으로 인해서 세전이익이 나오지 않는다면 고정비를
반영하고 의사결정을 해야 합니다.

김 팀장 : 아, 그렇군요.

앞으로 공헌이익 견적원가를 검토하고 의사결정을 하겠
습니다.

이 위원 : 이와 같이 작성하면 의사결정을 빠르고 쉽게 할 수 있습
니다.

또한 공헌이익 견적원가는 제품별, 상품별, 규격별, 사업장별, 사업부별, 지점별, 본부별, 회사 전체적으로도 검토를 할 수 있습니다.

여러분이 제대로 된 손익관리를 하려면 공헌이익 관리를 해야 한다는 말씀입니다.

김 팀장 : 잘 알겠습니다.

재　철 : 위원님.

영업을 하다보면, 특별한 주문이 들어오는 경우가 있습니다.

가령 주문량은 많은데, 판매단가를 인하하여 요구해 오는 경우가 있는데, 이러한 경우는 어떤 기준으로 의사결정을 해야 하는지요?

특별한 주문이 들어온 경우 의사결정의 기준은?

이 위원 : 아주 중요한 질문을 해주셨군요.

이러한 경우는 조심스럽게 판단을 해야 합니다.

만일 특별한 주문으로 인해서 대량으로 판매할 경우는 통상적으로 구매자가 판매단가를 인하하여 달라고 요구하는 경우가 있는데, 이러한 경우, 수주할 것인가 아니면 거절할 것인가의 의사결정을 해야 하는 경우가 있습니다.

다음 현황을 한번 보시지요.

현재의 A제품 손익(조업도 65%)			
구 분	단위당	총 액	비 고
Ⅰ.매 출 액	5,000	15,000,000	. 3,000EA X @5,000
Ⅱ.변 동 비	3,000	9,000,000	. 3,000EA X @3,000
Ⅲ.고 정 비	1,000	3,000,000	. 3,000,000 : 3,000EA = @1,000
Ⅳ.이 익	1,000	6,000,000	

※ 기존 실적에서 이익이 나올 경우, 추가로 특별주문이 들어오면 변동비를 기준으로 의사결정을 한다.

이때의 특별주문에 대한 의사결정은 기존의 판매단가와는 관계없이 추가 특별주문으로 인한 손익을 기준으로 수주를 할 것인가 또는 거부를 할 것인가에 대한 의사결정을 해야 합니다. 가령, 위에서와 같이 현재 A제품 3,000EA를 @5,000에 판매하고 있습니다.

이때, 고정비 배부 후 단위당 이익은 1,000원으로 전체 이익은 6,000,000원이 나오고 있습니다.

현재 조업도는 65%입니다.

만일, 여러분 회사에서 백두산업㈜의 요청으로 1,000개의 특별수주를 하였는데, 판매가격을 단위당 @3,500원에 요구하고 있다고 봅시다.

이런 경우, 수주할 것인가 아니면 수주를 거부 하시겠습니까?

재 철 : 당연히 수주를 거부해야 되는 게 아닌가요?

이 위원 : 왜 그렇게 생각을 하시지요?

재 철 : 그 건은 변동비 원가와 고정비 원가를 합산하니 @4,000
원이기 때문에 당연히 @500원의 손실이 발생하기 때문
에 거부를 해야 되는 게 아니겠습니까?

이 위원 : 아. 그렇게 생각을 하실 수 있겠네요.

그러나 제 생각은 그렇게 판단을 하실게 아니라 변동비
를 기준으로 판단을 하는 게 맞다고 봅니다.

다시 말해, 변동비가 @3,000원이기 때문에 @500원의
이익 즉 500,000원의 추가 이익이 발생하고 있기 때문
에 이는 판매를 하는 것이 맞다고 봅니다.

동 민 : 그건 왜 그런가요?

이 위원 : 그것은 추가 특별판매로 인한 손익을 판단할 때는 추가판매
로 인한 수익과 원가 즉, 차액원가만을 비교해야 합니다.

구 분	단위당	총 액	비 고
I. 매 출 액	3,500	3,500,000	. 1,000EA X @3,500
II. 변 동 비	3,000	3,000,000	. 1,000EA X @3,000
III. 추 가 이 익	500	500,000	

※ 추가 판매는 변동비만 발생하기 때문이다.

조업도가 100%를 유지할 경우 4,600개를 생산할 수
있습니다.

따라서 추가판매분 1,000개에 대해서는 추가적으로

변동비만 발생하지, 고정비는 발생하지 않습니다.

다시 말해, 고정비는 이미 발생되고 있는 매몰원가로 보기 때문에 고려를 해서는 아니 됩니다.

따라서 추가적으로 1,000개를 수주하게 되면 단위당 500원, 전체손익 500,000원이 증가되므로 수주하는 의사결정을 해야 합니다.

만약에 변동비와 고정비까지 감안하여 의사결정을 하면 판매를 못할 겁니다.

다만, 몇 가지 조심해서 판단을 해야 하는 부분이 있습니다.

첫째로 추가 주문으로 인하여 기존의 변동비 이외에 추가비용이 발생 되지는 않는지, 둘째로 판매가격의 인하로 기존시장에 가격 질서의 혼란이 있는지, 없는지를 판단해야 합니다.

셋째로 판매가격 인하의 의사결정으로 향후 추가 매출의 여부도 검토합니다.

잘못하면 판매단가가 무너질 수 있어, 전반적으로 손익관리에 악영향을 미칠 수 있기 때문입니다.

은 경 : 그렇군요. 공헌이익 관리를 이렇게 하는 군요.

동 민 : 저도 질문 있습니다.

영업을 하다보면 저희 회사에서 취급하지 않는 제품(상품)에 대해서 주문 요청이 있는 경우가 있는데, 이러한 경우는 어떻게 판단을 해야 할지 모르겠어요.

외부에서 매입을 해서 납품을 하는 것이 좋은지, 아니면 설비투자를 해서 제품을 납품하는 것이 맞는지, 합리적인 의사결정 기준을 알고 싶어요?

자가제조 또는 외주 시 판단 기준은?

이 위원 : 와우. 정말 좋은 질문입니다. 그렇습니다.

어떤 특정 부품을 자가 제조하는 것이 유리한지 아니면 외부에서 구입하는 것이 유리한지에 대해서 의사결정을 해야 하는 경우가 있습니다.

이러한 경우는 원가발생 형태를 기준으로 의사결정을 해야 합니다.

다시 말해, 자가 제조할 경우에는 많은 인원과 시설을 직접 투자해야 하므로 인건비, 감가상각비, 시설유지비 등 고정비의 비중이 높습니다.

반면에 외부에서 구입을 할 경우는 매입수량 또는 외주 가공비에 따라 원가가 발생하는 변동비가 대부분을 차지합니다.

따라서 상황에 따라 각각 총원가의 크기는 판매수량의 크기에 따라서 결정된다고 보면 됩니다.

다음 현황을 한번 보시지요.

2가지 즉, A안과 B안이 있습니다.

A안은 변동비가 @500원이고 고정비는 10,000,000원

입니다. 반면에 B안은 변동비가 @1,500원이고 고정비
는 2,000,000원입니다.

원 가	자가생산(A안)	외부구입(B안)
변 동 비	@500	@1,500
고 정 비(연간)	10,000,000	2,000,000

① 판매수량 10,000개일 경우

원 가	자가생산(A안)	외부구입(B안)
변 동 비(ⓐ)	5,000,000	15,000,000
고 정 비(ⓑ)	(@500 X 10,000EA)	(@1,500 X 10,000EA)
	10,000,000	2,000,000
계(ⓐ + ⓑ)	15,000,000	17,000,000

② 판매수량 7,000개일 경우

원 가	자가생산(A안)	외부구입(B안)
변 동 비(ⓐ)	3,500,000	10,500,000
고 정 비(ⓑ)	(@500 X 7,000EA)	(@1,500 X 7,000EA)
	10,000,000	2,000,000
계(ⓐ + ⓑ)	13,500,000	12,500,000

※ 자가생산을 할 것인가 외주에서 구입할 것인가에 대한 의사결정을 해야
  한다.

만일 10,000개의 판매가 예상되는 경우는 A안으로 자
가 제조시설을 갖추어서 생산하는 것이 유리합니다.
즉, A안의 총원가부담은 15,000,000원으로 B안의 총원
가 17,000,000원보다 2,000,000원 절감됩니다.
그러나 7,000개의 판매가 예상되는 경우는 B안으로 외부
에서 매입하거나 외주를 통해서 하는 것이 유리합니다.
즉, B안의 총원가부담은 12,500,000원으로 A안의 총
원가 13,500,000원보다 1,000,000원 절감됩니다.

재　철 : 그렇군요.

　　　그럼, 몇 개의 판매를 기준으로 자가 제조할 것이 좋은지 아니면 외주를 통해서 조달할 것인가를 결정하는 방법이 있을 것 같은데, 혹시 설명을 해 주셨으면 합니다.

이 위원 : 좋아요. 예리한 질문입니다. 기준을 판단하는 방법이 있어요. 다음과 같이 계산을 하면 됩니다.

원 가	자가생산(A안)	외부구입(B안)
변동비(ⓐ)	4,000,000	12,000,000
고정비(ⓑ)	(@500 X 8,000EA)	(@1,500 X 8,000EA)
	10,000,000	2,000,000
계((ⓐ + ⓑ)	14,000,000	14,000,000

　　　원가분기수량을 계산하는 공식을 활용해 보세요.

　　　이렇게 계산을 하면 8,000개가 나오는 것을 알 수 있습니다.

$$\frac{고정비 \ 총액차이(10,000,000 - 2,000,000)}{단위당변동비(@1,500 - @500)} = 8,000개$$

　　　다시 말해 8,000개 이상의 판매가 예상이 된다면 자가 제조하는 것이 유리하고 8,000개 미만으로 판매가 예상된다면 외주를 통해서 매입하는 것이 유리하다고 봅니다.

다시 한번 정리해서 말씀을 드리자면 판매량이 많을 경우는 고정비 부담은 높으나 생산을 많이 하게 되어 단위당 원가를 낮출 수 있습니다.

그러나 판매량이 적을 경우는 변동비 부담은 높으나 고정비 부담은 낮습니다.

따라서 잘 판단하여 의사결정을 하시면 됩니다.

동　민 : 와. 위원님 설명을 들으니 앞으로 잘 할 수 있을 것 같아요. 실무에 자신감이 쑥쑥 생깁니다.

이 위원 : 좋습니다.

김 팀장 : 저도 질문을 하나 하겠습니다.

저의 사업부가 A사업팀, B사업팀, C사업팀으로 3개의 사업팀이 있는데, C사업팀의 이익은 나오지만 본사 비용을 배부한 후에는 적자가 나옵니다.

사장님께서는 C사업팀을 폐지할 것을 검토하라고 하시는데, 어떻게 판단을 해야 할지 고민입니다.

이러한 경우는 어떻게 해야 하는지 말씀을 해주시지요?

적자 사업부를 유지 또는 폐지 할 것인가의 기준은?

이 위원 : 네, 그렇군요.

특정 사업팀의 손익이 적자일 경우는 사업을 폐지하는 것이 유리한지 아니면 그대로 유지하는 것이 유리한지에 대해서 의사결정을 해야 하는 경우가 있습니다.

이와 같은 경우 합리적으로 의사결정을 위해서는 각 팀의 의사결정 방안별로 전사의 손익에 미치는 결과에 따라 의사결정을 해야 합니다.

다시 말해 사업팀의 손익을 판단할 때 사업팀에 배부되는 간접배부원가인 매몰원가는 고려하지 않고 자체 손익에 의하여 의사결정을 해야 합니다.

다음의 자료를 한번 보시지요.

사업팀별 손익				
구 분	A사업팀	B사업팀	C사업팀	전 사
Ⅰ. 매 출 액	55,000	70,000	40,000	165,000
Ⅱ. 매 출 원 가	27,000	35,000	20,000	82,000
Ⅲ. 판매비 및 관리비	13,000	15,000	10,000	38,000
Ⅳ. 이 자 비 용	8,500	9,000	8,500	26,000
Ⅴ. 사 업 팀 손 익	6,500	11,000	1,500	19,000
Ⅵ. 본 사 비 용 외	2,600	4,000	2,400	9,000
Ⅶ. 당 기 순 손 익	3,900	7,000	△900	10,000

※ 사업팀별 손익을 구하고, 본사비용을 개관적인 기준으로 배분한다.

자료를 보시면 각각의 팀별 손익은 A사업팀 6,500원, B사업팀 11,000원, C사업팀 1,500원의 이익을 보이고 있습니다.

회사의 전체 이익도 19,000원입니다.

현재 C사업팀의 전체 당기순손익은 △900원이지만 자체사업팀 손익은 1,500원의 이익을 실현하고 있습니다. 따라서 C사업팀을 유지하는 것이 바람직한 의사결정이라고 봅니다.

하지만, 그래도 C사업팀을 중단한다면 C사업팀의 자체 이익 1,500원을 포기하므로 전체의 손익 중에서 1,500원 만큼은 감소합니다.

김 팀장 : 그렇군요.

이 위원 : 추가적으로 말씀을 드리자면, 간접부분에서 발생하는 비용 중 1,500원 이상 절감이 가능하다면 C사업을 중단할 수 있지만, 비용절감이 불가능하거나 1,500원 미만 시는 C사업을 유지해야 합니다.

이와 같은 상황임에도 반드시 C사업팀을 폐지한다고 결정을 한다면, 매출감소에 따른 장기적인 마케팅 전략을 재검토를 해야 되고, 또한 대체사업의 가능성이 있는지, 그리고 기존 인원에 대해서 전배와 사용시설의 처분에 대한 대책을 검토해야 합니다.

다행히도 폐지를 하지 않는다면 매출증대 전략과 원감절감 등 손익개선 방안에 대해서 검토를 해야 합니다.

김 팀장 : 네. 좋은 말씀 감사합니다.

이야기해 주신 내용을 충분히 검토하여 사장님께 잘 보고를 해야겠습니다.

위원님. 지금까지 말씀해 주신 내용만으로도 많은 것을

말씀해 주셨습니다.

추가적으로 이익을 개선할 수 있는 방법이 있을까요?

이 위원 : 네. 좋아요.

잠시 쉬었다가 말씀을 드리지요.

재　철 : 제가 시원한 음료수를 가져오겠습니다.

이렇게 해서 잠시 쉬는 시간을 가졌다.

김 팀장 : 다들 힘드시지요.

그래도 귀중한 시간을 내서 함께 좋은 시간을 가진 만큼 열심히 힘을 냅시다.

재　철 : 네. 알겠습니다.

동　민 : 좋아요.

은　경 : 힘이나요.

이익 개선을 위한 다양한 방법이 있다.

이 위원 : 이번 시간은 추가적인 이익을 개선할 수 있는 기법들에 대해서 말씀을 드리겠습니다.

이번 시간은 충분한 시간을 드릴 테니 Work Shop으로 진행하도록 하겠습니다.

김 팀장 : 좋습니다.

재　철 : 어렵지만 해보겠습니다.

동　민 : 좋습니다.

은　경 : 시간 가는 줄 모르겠어요.

이 위원 : 다음 현황을 보시지요.

여러분 회사의 특정사업팀에서 하고 있는 자료입니다.
이익을 개선 할 수 있는 방법들이 더 있는지 함께 고민
을 해보시지요.

20xx년 공헌이익 손익자료

구분	甲제품		乙제품		합계	
	금액	%	금액	%	금액	%
Ⅰ.매 출 액	80,000	100.0	120,000	100.0	200,000	100.0
구성비(%)	(40%)		(60%)		(100%)	
Ⅱ.변 동 비	48,000	60.0	78,000	65.0	126,000	63.0
Ⅲ.공 헌 이 익	32,000	40.0	42,000	35.0	74,000	37.0
Ⅳ.고 정 비					60,000	30.0
Ⅴ.세 전 이 익					14,000	7.0

※ 손익관리를 효율적으로 하려면 공헌이익계산서를 작성하여야 한다.

제 생각으로는 최소한 6가지 이상의 이익을 개선할 수
있는 방법이 있습니다. 한번 말씀들 해보세요.

재　철 : 생각 좀 해볼게요.

우선, 매출을 더 판매하면 되지 않나요?

김 팀장 : 판매가격을 좀 올리면 될 것 같습니다.

동　민 : 변동비와 고정비를 절감하면 될 것 같습니다.

은　경 : 공헌이익률이 높은 甲제품을 더 판매하면 좋을 것 같습니다.

이 위원 : 좋아요.

　　　　지금까지 4가지 방법이 나왔습니다.

　　　　2가지는 제가 말씀을 드리지요.

　　　　하나는 수율을 높이는 방법입니다.

　　　　다른 하나는 영업주기를 단축시키는 것입니다.

재　철 : 그렇군요. 이익을 개선할 수 있는 기법들이 생각보다 많네
　　　　요.

이 위원 : 그럼요. 아주 많습니다.

　　　　우리가 원가관리회계를 알고 있다면 이익을 개선할 수
　　　　있는 좋은 기법들이 있다는 것을 알 수 있습니다.

　　　　자. 그럼 하나씩 얘기를 해보지요.

　　　　먼저 매출을 10% 증가시키면 이익이 얼마나 나올까요?

재　철 : 네. 추가이익이 7,400원 증가가 예상됩니다.

　　　　200,000원 x 10% x 37%(평균 공헌이익률) = 7,400원

이 위원 : 네. 맞습니다. 대단합니다.

　　　　혹시 판매를 증대시킬 수 있는 방안도 말씀을 해 주실
　　　　수 있나요?

재　철 : 아. 그건요!

이 위원 : 제가 말씀을 드려보지요.

　　　　자세한 것은 별도로 공부를 하시고, 전략적인 측면에서
　　　　말씀을 드려보자면 시장침투전략, 신시장개척전략, 신
　　　　제품(상품)개발전략, 다각화 전략을 수립하시면 됩니다.

재　철 : 그렇군요. 더 연구를 하겠습니다.

이 위원 : 다음으로 판매단가를 3%인상하면은 이익이 얼마나 나올
까요?

동 민 : 추가이익이 6,000원 나옵니다.

200,000 x 3%(판매단가 인상률) = 6,000원

이 위원 : 네. 맞습니다. 대단들 합니다.

다만, 일전에 제6장에서 말씀을 드렸듯이 단가를 인상
시에는 인상전과 인상후의 손익분기점매출액을 검토해
서 차이나는 비율만큼 이상의 매출감소가 예상되는지를
검토한 후 결정을 할 필요가 있습니다.

이어서 甲과 乙의 판매 비중을 바꾸어서 판매하면 이익
이 얼마나 나올까요?

현재 甲의 공헌이익률은 40%로 乙의 공헌이익률 35%
에 비해서 높은데도, 실제 판매 비중은 甲이 40%과 乙
이 60%를 하고 있습니다.

다시 말해, 甲의 판매 비중을 60%와 乙의 판매 비중을
40%로 한다면 이익이 개선될 수 있다고 보는데, 얼마
나 나올까요?

은 경 : 제가 말씀을 드리겠습니다.

추가이익이 2,000원 예상됩니다.

이 위원 : 어떻게 계산을 했나요?

은 경 : 다음과 같이 계산을 했습니다. 평균적으로 공헌이익률이
1% 상승 됩니다. 따라서 다음과 같이 계산을 하면 2,000
원의 추가 이익이 발생합니다.

$[(120,000(甲매출)\times40\%(甲공헌이익율) + 80,000(乙매출)\times35\%(乙공헌이익률))]/200,000 = 38.0\%(평균 공헌이익률) \rightarrow 200,000 \times (38\% - 37\%) = 2,000원$

이 위원 : 와. 대단합니다.

여러분들 모두 잘하고 있습니다.

이외에도 이익을 개선 할 수 있는 방법들이 있습니다.

예를 들면, 재료 수율을 높이는 것입니다.

만약에 재료 수율을 3%만 개선해도 6,000원의 추가이익이 나옵니다.

$200,000 \times 3\%(재료비 절감률) = 6,000원$

동　민 : 재료수율이 무슨 말인지 설명을 해주세요.

이 위원 : 재료수율은 제조업체에서 발생되고 관리하는 항목인데, 생산량을 원재료투입량으로 나누어 주면 됩니다.

이론적으로는 원재료 100톤을 투입하면 생산량이 100톤이 나와야 하나, 제조과정에서 정상적(매출원가에서 차감) 또는 비정상적(영업외 비용으로 처리)으로 재고자산감모손실이 발생됩니다.

이러한 손실 부분을 조금이라도 낮추면 원가개선이 되는 것입니다.

동　민 : 그렇군요.

이 위원 : 또 다른 비용 절감 방안으로 영업주기를 단축시키는 방법이 있습니다.

가령, 매출채권 회전일수 20일과 재고자산 회전일수 15

일을 각각 단축시키면 추가이익이 958원 증가합니다.

$(200,000/365) \times 35$일 $\times 5.0\%$(연 이자율) $= 958$원

(단, 이자율은 연 5.0% 조건임)

김 팀장 : 그렇군요.

이 위원 : 하나 더 말씀을 드리겠습니다.

제반 변동비와 고정비를 5%만 절감해도 추가이익이 3,000원이 기대됩니다.

고정비 $60,000 \times 5\% = 3,000$원

물론 쉽지 않을 수 있으나 방법을 찾으면 가능합니다.

김 팀장 : 와. 위원님! 대단하십니다.

이익을 개선할 수 있는 많은 기법을 알려 주셔서 감사 드립니다.

저의 회사도 알려주신 기법들을 잘 연구해서 이익을 많이 낼 수 있도록 최선을 다하겠습니다.

이 위원 : 네. 어려운 내용인데, 잘 들 따라 오셨습니다.

여러분들도 이제 박사가 다되었네요. 하하하…

오늘은 이만 마치겠습니다.

다음 주에는 마지막으로 매출채권 관리 및 회수기법과 대손회계에 대해서 말씀을 드리겠습니다.

다음 주에 뵙겠습니다.

은 경 : 수고하셨습니다.

이렇게 해서 지금까지 영업회계와 관리회계를 중심으로 살펴보았다.

제7장

매출채권에 대해서 리스크 관리를 하자

이 위원 : 안녕들 하세요. 주말은 잘 지내셨지요.

김 팀장 : 네. 어서 오십시오.

　　　　 이번 주는 매출채권 관리 및 회수 기법에 대해서 말씀
　　　　 을 해주신다고 해서 기대가 됩니다.

　　　　 특히, 위원님은 매출채권 관리 및 회수 분야로는 정평
　　　　 이 나 있습니다.

　　　　 저의 회사는 매출채권이 상당합니다. 전체 매출액의
　　　　 25%가 넘는 상황입니다. 특히 3개월 이상 장기 및 악
　　　　 성 채권도 상당합니다.

　　　　 사장님도 걱정이 이만 저만이 아닙니다.

이 위원 : 네. 저는 회계, 원가, 기획, 영업관리, 채권관리, 사업소
　　　　 장 등 오랫동안 실무경험을 했습니다.

　　　　 최선을 다해서 제가 경험했던 부분과 이론적인 부분을
　　　　 알기 쉽게 말씀을 드리도록 하겠습니다.

매출채권회수의 중요성을 알다.

재　철 : 위원님.

경영층에서 매출채권 비중이 전체 매출액의 20%를 넘어서 걱정이 많다고 이야기를 하시는데, 왜 이게 문제가 되는지 알고 싶어요?

이 위원 : 네. 아주 중요한 지표관리입니다.

기업경영의 목표는 기업가치를 극대화에 하는 데 있습니다. 기업가치 극대화를 위해서는 유동성과 이윤 창출이 전제가 되어야 합니다.

아무리 많이 판매하고도 정상적인 대금회수가 이루어지지 않는다면 유동성 문제로 인해서 흑자도산을 면치 못합니다.

따라서 판매대금이 정상적으로 회수가 되도록 잘 관리를 해야 합니다.

동　민 : 그러면, 바람직한 매출채권 비중은 어느 정도가 되어야하나요?

이 위원 : 당연히 매출채권의 비중관리를 신경 쓰면서 관리를 해야합니다.

일전에 제2장에서도 말씀드렸습니다만, 매출채권의 비중은 월말, 분기 말, 연말 등 기준으로 매출액 대비 10~15% 이내로 관리를 해야 합니다. 그래야 유동성문제가 없다고 볼 수 있습니다.

참고로 2022년 한국은행 발표자료에 의하면 우리나라 전 산업의 매출채권 비중은 10.09%입니다. 대기업은 9.44%, 중견기업은 12.38%, 중소기업은 11.2%입니다. 현재 매출채권 비중이 15%이상으로 갖고 있게 되면 유동성 문제가 발생할 수 있다고 볼 수 있습니다. 따라서 매출채권 비중을 줄이는 노력을 강구해야 합니다.

은 경 : 그렇군요. 잘 알겠습니다.

위원님. 저희 회사는 매출액대비 당기순이익률이 1%정도 나고 있는데, 만일 부실채권이 발생되어 이를 만회하기 위해서는 어느 정도의 매출액을 하여야 하나요.

이 위원 : 네. 좋은 질문입니다.

이미 앞에서 말씀을 드렸습니다.

다시 한번 말씀을 드리자면 거래처로부터 5백만 원을 회수하지 못하고 대손처리로 이를 만회하기 위해서는 5억 원을 판매하여야 합니다.

또한 5천만 원을 회수하지 못하고 대손처리를 한다면 50억 원의 판매를 해야 하고 5억 원을 회수를 하지 못하고 대손처리한다면 500억 원의 판매를 하여야 합니다.

현실적으로 부실채권이 발생되어 회수를 하지 못하고 대손처리를 해서, 이를 만회하기 위한 판매를 하기 쉽지가 않습니다.

물론 가능할 수도 있겠지만 상당한 노력을 기울여야 할 것입니다.

그만큼 판매대금 회수야말로 중요합니다.

따라서 판매한 금액이 부실채권으로 이어져 대손처리를 한다면 무슨 의미가 있겠습니까?

영업사원은 자기가 판매한 판매대금을 반드시 회수하여야 합니다.

그래야 회사의 성장을 기대할 수 있고, 또한 안정적인 경영활동을 유지할 수 있습니다.

김 팀장 : 그럼, 매출채권을 잘 관리하기 위해서는 어떻게 해야 되나요?

이 위원 : 김 팀장님은 채권관리에 대한 책임감이 강한 것 같아요.

우선, 채권관리팀을 운영하여 집중적으로 리스크를 관리할 수 있을 것입니다.

또한 매출채권감축캠페인을 한다든지, TFT를 운영한다든지, 수금 목표관리를 할 필요가 있다고 봅니다.

이와 더불어 주요한 채권에 대하여는 중점관리대장을 만들어 집중적으로 관리를 하여야 합니다.

그리고 매출채권회전율 관리, 소멸시효관리 관리, 기간별로 연령 표를 만들어 관리를 하면 아주 훌륭한 관리방안이 됩니다.

이와 같이 회사 내에는 영업을 하면서 거래처의 채권관리에 대한 부실채권 문제가 발생했을 경우, 이를 해결할 수 있는 전문가가 있어야 합니다.

영업과 채권관리는 양면의 칼입니다.

어느 한쪽만 치우쳐서 관리를 하면 안 됩니다.

영업에만 관심을 갖고 채권에는 신경을 안 쓰면 부실채권문제가 심각하게 발생합니다.

이와 반대로 채권에만 신경을 쓰면 영업에 타격이 올 수 있습니다.

따라서 균형감을 갖고 관리를 하는 것이 중요합니다.

이 시간은 어떻게 하면 채권관리를 잘 할 수 있을까 하는 관점에서 말씀을 드리고자 합니다.

김 팀장 : 그렇군요.

아주 좋은 방법들을 제시하여 주셨습니다.

저희 회사에서 적극적으로 검토해 보겠습니다.

또 다른 비법이 있다면 말씀을 해주시지요?

이 위원 : 와우. 좋습니다.

매출채권 관리를 잘하기 위해서는 3가지가 중요합니다.

첫째는 채권 관리 및 회수에 대한 전반적인 흐름을 잘 알아야 합니다.

둘째는 재산파악을 할 줄 알아야 합니다.

셋째는 다양한 회수 스킬을 익혀야 합니다.

이러한 구체직인 방법은 차차 말씀을 드리겠습니다.

재 철 : 알겠습니다.

그러면 매출채권을 회수하지 못하면 어떻게 처리되나요?

이 위원 : 결국 회수를 하지 못하면 대손처리를 하게 됩니다.

대손처리는 법인세법시행령 제19조 2항에서 정한 대손처리요건을 갖추어야 하고, 또한 대손처리를 위한 증빙도 갖추어야 합니다.

이러한 조건을 충족하지 않고 대손처리를 하면 손금불산입(회계상 비용)으로 처리되어 세금을 납부해야 합니다.

김 팀장 : 잘 알겠습니다.

중요한 말씀을 많이 해 주셨습니다.

명심하여 잘 관리하도록 하겠습니다.

은 경 : 제가 실무적으로 전체적인 영업관리 및 채권관리를 하고 있는데, 매출채권에 대한 전반적인 흐름을 알아야 한다고 말씀을 하셨는데, 어떻게 흘러가는지 알고 싶어요?

간단히 말씀을 해주셨으면 합니다.

매출채권 관리 전반적인 흐름을 이해하자.

이 위원 : 간단하지는 않지만 한번 정리를 해서 채권관리 전반적인 흐름에 대하여 말씀을 드리겠습니다.

모든 업무가 마찬가지겠습니다만 특히나 채권관리는 프로세스를 아는 것이 중요합니다. 단계별로 상황이 다르고 전·후상황이 연결되기 때문입니다.

채권관리는 크게 나누면 사전관리와 사후관리로 볼 수 있습니다.

사전관리는 정상적인 채권을 관리하는 것이고, 사후관리
는 부실채권을 관리하는 것입니다.

매출채권 관리 전반적 흐름

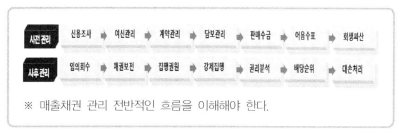

사전관리: 신용조사 ▶ 여신관리 ▶ 계약관리 ▶ 담보관리 ▶ 판매수금 ▶ 어음수표 ▶ 회생파산

사후관리: 임의회수 ▶ 채권보전 ▶ 집행권원 ▶ 강제집행 ▶ 관리분석 ▶ 배당순위 ▶ 대손처리

※ 매출채권 관리 전반적인 흐름을 이해해야 한다.

재　철 : 사전적 채권관리란 무엇을 말해요?

이 위원 : 사전적 채권관리란 한마디로 계약조건에 따라서 정상적
　　　　으로 회수하는 것을 말합니다.

동　민 : 그렇군요.

　　　　좀 더 구체적으로 말씀을 해주실 수 있나요?

이 위원 : 여러분이 회사를 대표해서 거래처를 방문하게 되는데,
　　　　1차 목적은 판매를 위한 영업활동 이겠지요.

　　　　그러나 2차 목적은 리스크 관리 차원에서 거래처는 신
　　　　용은 있는지, 담보력은 있는지, 여신의 규모는 어느 정
　　　　도로 해야 하는지, 결제조건은 어떻게 해야 하는지 등
　　　　협상과 조사를 병행해야 합니다.

　　　　그래서 먼저 신용조사를 통하여 건전성 여부를 판단하
　　　　고 이를 토대로 여신관리, 계약관리, 담보관리, 판매관

리, 수금관리, 어음수표관리 등 부실채권이 발생하기
전까지 관리를 해야 합니다.

이러한 모든 것을 관리하는 것이 사전채권관리 범위라
고 보시면 됩니다.

동　민 : 그렇군요.

이 위원 : 좀 더 구체적으로 말씀을 드리자면 계약관리에서는 계약
의 법률성질을 이해하고, 계약서 작성 시 어떠한 내용을
포함할지를 검토할 수 있어야 합니다.

또한 계약변경 시 대응할 수 있어야 합니다.

담보관리도 중요합니다.

첫 거래시부터 담보·보증을 확보하고 거래하면 상대적
으로 리스크는 안전하다 할 것입니다.

담보·보증에는 근저당권, 질권, 전세권, 양도담보, 계
약이행보증증권, 매출채권보험 등 30여 가지 이상이 있
습니다.

담보·보증의 종류와 방법을 알고 있으면 협상과 법적조
치 시 유리하게 할 수 있습니다.

판매관리는 증빙을 잘 갖추어 놓아야 합니다.

가령 판매원장, 세금계산서, 거래명세서, 인수증 등을
잘 확보 해두었다가 향후 가압류나 본안소송 등 법적조
치를 할 경우 증빙으로 활용하시면 됩니다.

수금·연체관리는 채권현황도 관리를 해야 하고 또한 매
출채권연령표, 매출액대비수금현황, 수금목표관리, 소

멸시효관리, 중점관리거래처대장 등을 작성하여 관리를 해야 합니다.

어음·수표관리는 발행, 보증, 배서, 지급제시, 어음·수표 소멸시효관리 등을 이해하고 있어야 하고 부도발생시 적절한 대응을 할 수 있어야 합니다.

요즈음에는 어음·수표로 회수하는 비중이 줄어들고 있습니다.

하지만 상대적으로 전자어음은 비중이 높아가고 있습니다. 따라서 종이어음과 전자어음의 차이점도 알고 있어야 하고, 또한 구매자금 등 전자채권에 대해서도 잘 알고 있어야 합니다.

재 철 : 와우, 관리해야 할 게 많네요.

우리 영업사원들이 이를 다 알아야 하나요?

이위원 : 당연하죠. 모르면 당합니다.

당하면 손실로 이어지게 됩니다.

동 민 : 잘 알겠습니다.

열심히 배우고 익혀서 문제가 발생하지 않도록 최선을 다하겠습니다.

그런데, 말씀하신 과정 중에서 부실채권은 언제 발생하게 돼요?

그리고 사후관리 방법에 대하여 말씀을 해주세요?

이 위원 : 아주 중요한 질문입니다.

부실채권은 크게 2가지 상황에서 발생합니다.

하나는 처음부터 판매대금이 회수가 되지 않는 경우입니다.
또 다른 경우는 어음·수표를 받아 놓았는데, 거래처의
부도로 사고채권이 발생하는 경우입니다.

따라서 이러한 부실채권이 발생하지 않도록 리스크 관
리를 잘 해야 합니다.

사후관리는 많은 시간과 비용이 발생합니다.

물론 사후관리를 잘하여 전액 회수할 수도 있지만, 일
부 또는 전혀 회수 할 수 없는 경우도 있습니다.

그렇다고 방치하여서는 아니 됩니다.

다음 그림을 한번 보시지요.

부실채권 발생시 대응 방법

※ 부실채권 발생시 상황에 따라서 신속하고, 적절한 대응을 해야 한다.

원칙적으로 사후적 채권관리는 각각의 과정을 거치면서
진행하지만 상황에 따라 서는 순서를 따르지 않고 바로

실행을 진행할 수 있습니다.

가령 집행권원이 없다면 우선 먼저 가압류를 해야 하지만 집행권원이 있다면 즉시 강제집행을 할 수 있습니다.

사후관리에서는 집행보존을 위한 가압류, 가처분이 있고, 채권보전을 위한 채권자대위권, 채권자취소권 등이 있습니다.

그리고 권리를 확정하기 위하여 집행권원을 획득해야 하는데, 이를 위한 방법으로 독촉절차에 의한 지급명령결정문, 소를 제기하여 획득하는 이행권고결정문 및 확정판결문 등이 있습니다.

또한 이외에도 공정증서, 제소전화해조서 등이 있습니다. 강제집행을 하기 위해서는 이와 같은 집행권원이 있어야 합니다.

강제집행에는 부동산, 동산, 채권, 그 밖의 강제집행 등이 있습니다.

부동산강제집행에는 경매와 강제관리가 있는데, 주로 경매로 많이 진행합니다.

경매는 다시 강제경매와 임의경매(담보권실행에 의한 경매)로 나누어지고 채권에는 압류 및 추심명령 또는 압류 및 전부명령이 있습니다.

동산에는 집행관을 통하여 집행물을 봉인하여 환가하는 경매절차가 있습니다.

은 경 : 그렇군요. 왜 이렇게 복잡한 강제집행을 하는가요?

이 소장 : 강제집행은 당사자 간에 사적자치가 인정되지 않기 때문입니다.

채권자와 채무자간 협의에 의하여 변제가 되지 않기 때문에 국가에서 개입하여 강제집행이라는 제도를 통하여 채권자를 보호해주는 제도라고 봅니다.

이렇게 채권자는 강제집행을 통하여 추심 또는 배당절차를 통해서 채권을 회수하게 됩니다.

그러나 이렇게 강제집행을 하였음에도 회수를 하지 못하면 결국은 대손처리 검토를 하게 됩니다.

대손처리에 대해서는 마지막 시간에 말씀을 드리도록 하겠습니다.

재 철 : 알겠습니다. 위원님. 질문이 있습니다.

그런데, 저의 회사에서 근저당이 설정되어 있는데, 집행권원이 있어야 강제집행이 가능한가요?

이 위원 : 아닙니다.

근저당권, 전부지분에 대한 전세권(일부지분에 대한 전세권은 강제경매를 진행해야 함), 유치권, 담보가등기 등은 집행권원이 없어도 바로 임의경매를 진행 할 수 있습니다.

재 철 : 그렇군요.

김 팀장 : 위원님이 말씀하신 사후관리란 결국 임의회수(협상) → 채권보전 → 집행권원획득 → 강제집행 → 회수(배당) 또는 대손처리 순으로 진행이 된다고 보면 되는 군요.

이와 같이 진행하다 보면 시간이 꽤 걸리겠는데요.

이 위원 : 그렇습니다.

상황에 따라 다르겠지만 최소 협상에서부터 채권보전, 즉 가압류 및 강제집행까지의 전부에 대해서 진행하여 채권을 만족하기 까지는 적게는 6개월 또는 그 이상 걸릴 수도 있습니다.

따라서 부실채권이 발생하면 가급적 협상을 통하여 빨리 회수하는 방법을 찾는 것이 중요합니다.

그러나 협상이 결렬되고 시간을 지체하는 사이에 재산을 빼돌리거나 은닉행위를 하는 경우가 있습니다.

물론 재산을 은닉하면은 별도로 사해행위 등 법적조치를 취소할 수는 있습니다. 다만, 또 다른 시간과 입증을 해야 하는 소송절차(사해행위취소 등의 청구의 소)를 거쳐야 합니다.

동 민 : 그렇군요.

결제조건대로 제때에 회수하는 것이 중요하군요.

그럼, 강제집행을 하고도 채권 회수가 안 되면 어떻게 해요?

이 위원 : 만일 그런 경우는 강제집행을 하고도 채권회수기 안된다면 마지막 단계에서 대손처리를 검토합니다.

대손처리검토는 법인세법 시행령 19조 2항에서 규정하고 있는데, 대손요건과 증빙을 갖추면 대손처리를 할 수 있습니다.

대손처리가 인정되면 손익계산서상 판매비 및 일반관리

비로 비용처리가 가능하여 법인세 절감효과를 가져올 수

있습니다.

동　민 : 그렇군요.

가급적 대손처리가 되지 않도록 최선을 다해서 회수를

해야겠네요.

재　철 : 다음으로 부동산 권리분석과 배당을 알고 싶네요?

이 위원 : 네. 그렇군요.

그런데, 그것은 다음에 부동산등기사항증명서 설명을

드리면서 간단하게 말씀을 드릴게요.

구체적이고 자세한 것은 다음 기회가 된다면 별도로 말

씀을 드려야 할 것 같아요. 왜냐하면 내용이 복잡하고,

다루어야 할 내용이 많습니다.

재　철 : 알겠습니다.

앞으로 채권관리를 어떻게 해야 할지 막연했는데, 위원

님 말씀을 들으니 윤곽이 잡히기 시작했습니다.

이 위원 : 채권관리에 대한 전반적인 흐름을 이해하고 관리를 하는

것은 중요합니다.

다음 기회가 된다면 채권관리 및 회수에 대한 강의를 해

드리도록 하겠습니다.

은　경 : 알겠습니다.

한 번 더 모셔서 강의를 듣도록 하겠습니다.

김 팀장 : 부실채권 발생 시 회수 방법에는 어떤 것들이 있는지요?

채무자가 채무불이행시 다양한 회수 방법이 있다.

이 위원 : 좋은 질문입니다.

다음과 같은 방법들이 있습니다.

좀 길게 설명을 드리겠습니다.

우선 협상을 통하여 회수 할 수도 있고, 법적조치를 통하여 회수를 할 수 도 있다.

첫째, 임의회수, 즉 협상을 통하여 회수하는 방법이 있습니다.

만일, 할 수만 있다면 협상을 통하여 회수하는 것이 좋습니다. 협상이 결렬되어 법적조치를 하게 되면 시간과 비용이 추가적으로 발생합니다.

이 방법에는 지불각서 및 공증으로 회수하는 방법, 내용증명으로 회수하는 방법, 채권양도로 회수하는 방법, 제3자가 채무를 인수하게 하여 회수하는 방법, 상계로 회수하는 방법, 새로운 담보를 제공케 하여 회수하는 방법, 재고자산 확보로 회수하는 방법, 대물변제를 통하여 회수하는 방법, 신용정보업자의 채권추심을 통한 회수 방법 등이 있습니다.

둘, 보증(보험)에 의하여 회수하는 방법이 있습니다.

이 방법은 채무불이행시 채권자가 보험회사를 통하여 회수하는 방법입니다. 보험회사는 채권자에게 변제를 하고 채무자에게 구상권을 청구 합니다.

이 방법에는 계약이행보증보험에 의하여 회수하는 방법, 선급보증보험에 의하여 회수하는 방법, 판매보증보험에 의하여 회수하는 방법, 매출채권보험(신용보증기금)에 의하여 회수하는 방법, 매출채권신용보험(서울보증보험)에 의하여 회수하는 방법, 금융기관 지급보증에 의하여 회수하는 방법, 원청의 지급보증에 의하여 회수하는 방법 등이 있습니다.

셋, 담보권 실행으로 회수하는 방법이 있습니다.

거래 시 담보를 확보하고 있다가 채무자가 채무불이행 시 담보권 실행(임의 경매 등)을 통하여 회수하는 방법입니다.

이 방법에는 전세권으로 회수하는 방법, 유치권행사로 회수하는 방법, 질권으로 회수하는 방법, 근저당권(저당권)으로 회수하는 방법, 가등기로 회수하는 방법, 양도담보로 회수하는 방법, 동산근담보로 회수하는 방법, 점유개정에 의한 양도담보로 회수하는 방법, 공장재단저당으로 회수하는 방법, 법정질권 및 법정저당권으로 회수하는 방법, 상사질권 및 상사유치권으로 회수하는 방법 등이 있습니다.

넷, 인수합병, 회생절차 및 파산에 의하여 회수하는 방법이 있습니다.

채무자가 변제를 하지 않은 상태에서 인수합병, 회생 및 파산이 진행되는 경우에 회수하는 방법입니다.

이 방법에는 법인의 인수 시 회수하는 방법, 합병절차 시 회수하는 방법, 회생절차에 의하여 회수하는 방법, 법인의 파산 시 회수하는 방법, 별제권 행사에 의하여 회수하는 방법 등이 있습니다.

다섯, 가압류를 통하여 회수하는 방법이 있습니다.

채권자가 담보권이 없는 경우, 채무자가 채무불이행시 집행권원을 통하여 강제집행을 하기 까지는 시간이 많이 걸립니다. 이 과정에서 채무자는 재산을 빼돌릴 수 있기 때문에 신속히 채무자의 재산에 대하여 가압류를 해야 합니다. 가압류는 금전채권, 권리, 유체물에 대해서 할 수 있습니다. 또한 변제기가 도래되기 전에도 가능하고, 거래 중에도 가능합니다. 다시 말해 언제든지 가능합니다.

가압류를 하게 되면 채권자는 바로 변제를 한다든지, 공탁소에 집행공탁을 한다든지, 협상을 한다든지, 제소명령을 신청한다든지 등을 하게 됩니다.

다만 가압류를 하고 3년이 경과되기 전에 반드시 본안소송 등을 해야 합니다. 그렇지 않으면 취소를 당할 수 있습니다.

이 방법에는 부동산 가압류를 통하여 회수하는 방법, 동산 가압류를 통하여 회수하는 방법, 준부동산 가압류를 통하여 회수하는 방법, 금전채권 가압류를 통하여 회수하는 방법, 물권을 가압류하여 회수하는 방법, 기타자산을 가압류하여 회수하는 방법 등이 있습니다.

여섯, 어음·수표 부도 시 회수하는 방법이 있습니다. 어음·수표가 부도가 나면 원인을 파악하고 대책을 수립해야 합니다. 부도가 나면 현실적으로 회수하기가 쉽지 않습니다. 어떤 회사는 폐업을 하고 잠적하는 경우도 있고, 어떤 회사는 회생 및 파산을 신청하는 경우도 있습니다. 어떤 회사는 M&A를 시도하는 경우도 있습니다. 이러한 경우 상황에 따라서 회수를 할 수 있는 경우가 있는데, 다음과 같은 방법을 생각하여 볼 수 있습니다.

발행인을 통하여 회수하는 방법, 보증인을 통하여 회수하는 방법, 배서자에게 상환청구를 통하여 회수하는 방법, 피사취부도시 회수하는 방법, 이득상환청구권을 통하여 회수하는 방법, 회생 및 파산 시 회수하는 방법, M&A시 회수하는 방법 등이 있습니다.

일곱, 집행권원, 강제집행을 통하여 회수하는 방법이 있습니다.

채권보전 즉 가압류를 하고 강제집행을 위해서는 집행권원을 획득해야 합니다. 집행권원에는 공정증서, 지급명령결정문, 이행권고결정문, 확정 판결문, 재판상 화해조서, 제소전 화해조서 등이 있습니다.

이와 같이 집행권원을 획득한 후 강제집행을 합니다. 따라서 이 방법을 통하여 회수 할 수 있는 방법에는 지급명령 및 소송을 통하여 회수하는 방법, 임의경매 및 강제경매에 의하여 회수하는 방법, 동산 경매를 통하여 회수하는 방법, 준부동산 경매를 통하여 회수하는 방법, 금전채권의 압류추심 또는 전부명령에 의하여 회수하는 방법, 배당절차에 참여하여 회수하는 방법, 민사조정으로 회수하는 방법, 채권자취소권 행사로 회수하는 방법, 채권자대위권으로 회수하는 방법 등이 있습니다.

은 경 : 와. 그렇게 많아요.

이 위원 : 그렇습니다.

대체적으로 큰 추심기법에 대해서 말씀을 드렸으나, 구체적으로 들어가면 추가적인 기법들이 있습니다.

따라서 채권관리를 전문적으로 관리를 하기 위해서는 이러한 추심기법에 대해서 잘 알고 대응을 해야 합니다.

은 경 : 그럼 만약에 저의가 다루기 어려우면 어떻게 해야 하나요?

법무사나 변호사에 의뢰를 하면 되나요?

이 위원 : 물론 여러분이 직접 다룰 수 있으면 좋습니다.

회사에는 거래처에 대한 리스크 관리를 하기 위해서 채권관리 전문가가 있어야합니다.

그러나 아직 전문적으로 다루기 힘든 경우는 법무사나 변호사에게 의뢰를 할 수 있습니다.

다만, 이러한 경우는 법무사 수수료 또는 변호사 수임에 따른 법무비용 등이 발생합니다.

은　경 : 그렇군요.

　　　　앞으로 열심히 공부하여 채권관리 전문가가 되도록 노력을 하겠습니다.

　　　　그런데, 저의 회사는 물품대금에 대해서 오랫동안 회수를 못하고 있는 거래처들이 좀 있습니다.

　　　　법적으로 돈을 받을 수 있는 기간이 정해져 있는지 알고 싶어요?

이　위원 : 아주 중요한 질문을 주셨습니다.

　　　　소멸시효라는 게 있는데, 잠시 쉬었다가 말씀을 드리겠습니다.

잠시 휴식을 취하고 다시 모였다.

매출채권의 소멸시효를 알다.

은　경 : A거래처에 대해서 1억 원의 물품공급계약을 체결하고 납품을 하였으나 변제일에 채권회수를 못하고 6개월이 경과되었습니다.

　　　　A거래처는 유동성 문제로 어려워서, 차일피일 변제를 미루고 있는 상황입니다. 법적으로 청구기간이 정해져 있다는데, 몇 년인지 알고 싶어요.

　　　　그리고 소멸시효 기산일과 중단조치는 어떻게 하는지 알고 싶습니다.

이 위원 : 와우. 어려운 질문을 해주셨네요.

아주 좋은 질문입니다.

먼저 소멸시효가 무슨 말인지 알고들 있나요?

재 철 : 네.

그것은 사실상 권리행사기간이 아닌가요?

이 위원 : 맞아요.

잘 아시네요.

소멸시효는 권리자가 권리를 행사할 수 있는데도 불구하고 일정 기간 이를 행사하지 않을 시 권리 자체를 소멸시키는 제도를 말합니다.

즉 거래처에게 물품을 판매한 경우 채권자의 권리는 '변제하기로 한 때'로부터 3년이 경과하도록 권리를 행사하지 않으면 시효가 완성되어 소멸 됩니다.

다시 말해서 물품대금 채권의 소멸시효는 3년이기 때문에 그 기간이 경과하기 전에 적절한 소멸시효 중단노력을 해야 합니다.

동 민 : 그렇군요.

그런데, 소멸시효 중단이 무엇을 말하나요?

이 위원 : 소멸시효 중단은 판매대금을 회수하지 못하고 3년(민법 제163조)의 시간이 경과하게 되면 시효가 완성되어 더 이상 청구를 못할 수 있습니다.

그래서 소멸시효가 완성되기 전에 적절한 회수 노력을 하면, 소멸시효는 중단이 되어 청구권을 지속적으로 행사할 수 있습니다.

소멸시효중단 사유는 민법 제168조에 보면 ① 청구 ② 압류 또는 가압류, 가처분 ③ 승인 등이 있습니다.

청구에는 재판 외 청구로 내용증명이 있고, 재판상으로 지급명령신청, 소제기, 소송참가 등이 있습니다.

승인에는 분할수금, 이자수령, 배당금수령, 지불각서 징구 등이 있습니다.

은 경 : 그럼 소멸시효가 완성되면, 채무자에게 무조건 청구할 수 없나요?

이 소장 : 그렇지는 않아요.

소멸시효가 지난 채무도 도덕적으로는 변제 할 의무는 있습니다.

다만 원칙적으로 채권자가 강제이행의 청구를 할 수 없지만 그렇다 하더라도 채권자가 소멸시효로 소멸한 줄 모르고, 또는 알면서도 청구 소송을 진행 하였으나 채무자가 소멸시효가 완성된 사실을 모르고 이를 소송에서 항변하지 않는다면, 채권자는 소송에서 승소하여 변제를 받을 수도 있습니다.

그러나 채무자가 소멸시효 완성을 주장하면 더 이상 청구할 수 없기 때문에 잘 관리를 해야 합니다.

은 경 : 그렇군요.

소멸시효 기산일은 어떻게 계산되는지요?

이 위원 : 소멸시효 기산일은 소멸시효계산이 시작되는 시점입니다.

소멸시효 기산일을 계산하는 방법에는 4가지가 있습니다. 우선 확정기한부채권의 경우입니다.

채무이행의 확정기한을 가진 채권은 그 확정된 기일의 다음날이 소멸시효의 기산일이 됩니다.

예를 들어 물품대금채권에 대하여 5월 1일 계약을 하고, 동년 5월 10일에 납품하고, 동년 5월 31일에 세금계산서발행을 하여 청구하고, 판매대금 결제일은 동년 6월 30일이라면, 소멸시효기산점은 결제일을 기준으로 동년 7월 1일이 되어 3년 동안 청구를 할 수 있습니다.

그런데 동년 6월30일에 변제가 되지 않고 동년 7월 31일에 변제하기로 연장하는 것으로 합의가 있었다면 그 연장한 기일의 다음 날 즉 동년 8월 1일부터 소멸효가 새로이 기산되어 3년 동안 청구를 할 수 있습니다.

이러한 채권을 기간을 유예한 채권이라고 합니다.

그리고 기한을 정하지 아니한 채권은 언제든지 권리행사가 가능한 것이므로 채권이 성립한 다음날, 즉 납품한 익일 5월 11일부터 시효가 기산됩니다.

그리고 기한부 조건이 있는 경우가 있는데, 이 경우는 조건성취가 객관적으로 도래가 되어야 합니다.

가령 공사도급계약에서 중도금 지급의무의 채무이행일이 '1층 골조공사가 완료시'라고 되어 있다면 객관적으로 도래한날 익일부터 기산일이 적용됩니다. 다만 이 경우 채무자가 그 완료 사실을 알아야 합니다.

은　경 : 그렇군요.

　　　　소멸시효기산일을 잘 이해를 했습니다.

　　　　그 밖의 기산일에 대해서도 말씀을 해주세요.

이 위원 : 계약서상에 기한이익의 상실 약정이 있는 채권은 그 기
　　　　한의 이익 상실시점부터 시효가 기산됩니다.

　　　　당연 기한이익의 상실사유가 발생한 채권은 그 사유발
　　　　생일 다음날부터 시효가 기산되며, 청구에 의하여 기한
　　　　의 이익을 상실한 채권은 청구한 때에 기한의 이익이 상
　　　　실됩니다.

　　　　이러한 경우 일정 이상의 기간을 정하여 독촉을 한 후
　　　　그 일정기간이 지난 다음 날부터 시효가 기산됩니다.

　　　　또한 어음채권의 확정일 출급어음 소멸시효는 지급기일
　　　　다음날부터 진행합니다.

　　　　그리고 불법행위에 의한 손해배상청구권의 기산일은 불
　　　　법행위를 한 날의 다음날부터 소멸시효가 기산됩니다.

　　　　부당이득반환청구권은 그 성립과 동시에 행사할 수 있
　　　　으므로 그때부터 소멸시효가 진행합니다.

　　　　판결확정채권에 관한 소멸시효기산일은 확정판결이 있
　　　　는 확정일 다음날부터 기산일이 적용됩니다.

은　경 : 네 잘 알겠습니다.

　　　　소멸시효에 대하여 기산일 관리를 할 수 있을 것 같아요.

사업자등록증, 법인등기사항증명서를 볼 줄 알아야 한다.

재 철 : 위원님.

　　　　신규고객에 대해서 개척을 하다 보면 사업자등록증과 법인등기사항 증명서를 보게 되는데, 어떤 점을 주의해서 봐야 하는지 잘 모르겠어요.

　　　　특별히 주의를 해서 봐야 하는 내용이 있는지요?

이 위원 : 아주 중요한 질문입니다.

　　　　우선 사업자등록증에 대해서 말씀드릴게요.

　　　　사업자등록증은 개인사업자등록증과 법인사업자등록증이 있습니다.

　　　　사업자등록증을 보면서 특별히 주의를 해야 할 것은 개업년월일이 최소한 3년 이상이 되었는지를 볼 필요가 있습니다.

　　　　3년 미만은 조심을 하시라는 말입니다.

재 철 : 먼저 개인사업자등록증과 법인등기사항증명서에 대해서 말씀해 주세요?

이 위원 : 그래요.

　　　　개인사업사등록증을 살펴보면 상호, 성명(대표자), 생년월일, 개업년월일, 사업장소재지, 사업의 종류, 종목, 공동사업자 유무 등이 나옵니다.

　　　　개인사업자는 상호가 있더라도 성명(대표자)란에 표시된 대표자에게 청구하는 것입니다.

가령, 상호가 한우물인데, 대표는 김종식이라고 되어 있다면 김종식에게 청구하면 됩니다.

개인사업자는 무한책임입니다.

이 말은 개인이 가지고 있는 모든 재산으로 책임을 진다는 것입니다.

따라서 개인사업자등록증상의 성명과 주소를 가지고 본인 명의로 재산이 있는지를 확인할 필요가 있습니다.

재　철 : 그렇군요.

다음은 법인사업자등록증과 법인등기사항증명서에 대해서 말씀해 주세요?

이 위원 : 먼저 법인사업자등록증을 살펴보면 법인명, 대표자, 개업년월일, 법인등록번호, 사업장소재지, 본점소재지, 사업의 종류, 종목 등이 나옵니다.

만일 법인사업자하고 계약을 체결한 경우는 법인에게 청구하는 것이지 대표자에게는 청구 할 수 없습니다.

주식회사와 유한회사, 유한책임회사는 유한책임이기 때문입니다.

합명회사는 무한책임이고 합자회사는 무한책임과 유한책임입니다.

개인과 법인의 종류별 책임관계에 대해서는 별도로 말씀을 드리겠습니다.

사업자등록증을 보면서 특별히 주의 깊게 체크해야 할 것은 사업장 주소지가 누구의 소유자인지를 살펴보세요.

만일 계약서상 주소지와 일치한다면 자가사업장이라고 판단하면 됩니다.

그러나 불일치하면 임차사업장이라고 판단해야 합니다.

바로 채권관리 회수기법이 달라집니다.

자가사업장이라고 판단되면, 향후에 문제 발생 시 부동산가압류를 검토할 수 있고, 임대사업장이라고 판단되면 채권가압류를 검토할 수 있는 것입니다.

재　철 : 그렇군요.

그런데 법인사업자등록증을 보다 보면 대표자 형태가 여러 형태가 있습니다.

대표자 성격에 대해서 설명 좀 해주세요.

이 위원 : 맞아요.

법인사업자등록증을 보면서 더욱 주의 깊게 봐야 할 것은 대표자입니다.

대표자는 6가지 형태가 있습니다.

가령, 단독대표이사, 각자대표이사, 공동대표이사, 사내이사, 표현대표이사, 바지사장 등이 있습니다.

대표이사 성격을 아는 것은 아주 중요합니다.

단독대표이사 및 각자대표이사와 계약하는 것은 별다른 문제는 없습니다.

다만 공동대표이사와 계약을 할 경우는 공동대표이사 1인하고만 계약을 체결해서는 안 되고 반드시 공동대표이사 전부와 계약을 해야 합니다.

사내이사는 소규모회사 설립 시 1인 법인 설립이 가능한데, 이 경우 그 대표를 대표이사라 하지 않고 통상 사내이사라 합니다.

1인 법인인 경우는 가급적 사내이사를 연대보증하는 것이 바람직하다고 봅니다.

그리고 표현대표이사인 경우가 있는데, 이는 대표이사가 아닌 자가 대표이사로 오인할 수 있는 명칭을 사용하여 회사의 대표행위를 하는 자를 말합니다.

대표이사 이외의 이사는 법률상 회사를 대표할 권한이 없습니다.

하지만 상법은 거래의 안전을 보장하기 위하여 회사는 이러한 자가 한 행위에 대하여 선의의 제3자에게 회사의 행위로서 책임을 부담하게 하고 있습니다.

회사가 부여한 외관을 신뢰하여 거래한 제3자를 보호하기 위한 것이므로 제3자가 행위의 대표권이 없다는 것을 알지 못하여야 합니다.

따라서 회사가 책임을 면하기 위하여는 제3자의 악의를 입증하여야 합니다.

다시 말해 이는 대표권이 있는 명칭하에 행위를 한 주위의 사정으로부터 현저한 의심이 있었음에도 불구하고 등기도 확인하지 않고 회사에 조회도 해보지 않은 경우에 한하여, 회사가 그것을 입증하여 책임을 면할 수 있습니다.

이와 같이 문제가 발생되지 않도록 최소한 영업사원은 반드시 법인과 거래 시는 사업자등록증 및 법인등기사항증명서를 확인 해야겠지요.

마지막으로 바지사장인 경우가 있는데, 이는 실제 경영자가 따로 있다는 것입니다. 즉 바지사장은 회사의 경영에 참여하지 않고, 운영하는 데 필요한 명의만 빌려주고 실제는 운영하지 않습니다.

바지사장과 거래시는 반드시 실제 경영자와 연대보증계약을 체결하는 것이 중요합니다.

그리고 앞에서 말한 법인의 대표이사는 채권채무에 대한 책임은 없습니다. 다만 예외적으로 연대보증을 하든지, 법인의 채무를 대표이사가 개인자격으로 채무를 인수하든지, 대표이사가 과점주주에 해당되면 법인격부인을 통하여 청구할 수 있는 경우가 있습니다.

법인격부인제도에 대해서는 나중에 기회가 되면 별도로 말씀을 드리겠습니다.

재　철 : 와우. 그렇군요.

다음으로 법인등기사항증명서를 통해서 특별히 검토해야 하는 항목은 무엇인가요?

이 위원 : 법인등기사항증명서를 보면 법인에 대한 이력이 나옵니다. 법인등록번호, 상호, 본점주소지, 공고방법, 1주의 금액, 발행할 주식 수, 자본금, 사업목적, 임원에 관한 사항, 지점에 관한 사항, 회사성립연월일 등이 나옵니다.

이 중에서 본점주소지는 소유자가 누구인지, 자본금 규모는 어느 정도인지, 임원에 대한 현황, 성립연월일이 어느 정도 되었는지를 파악합니다.

최소한 7년 이상은 되었다면 어느 정도 신뢰를 할 수 있겠지요. 그러나 3년 미만은 경계를 할 필요가 있습니다.

재　철 : 거래 시는 사업자등록증과 법인등기사항증명서를 보고 반드시 말씀하신 사항들을 확인 해야겠네요.

위원님, 다음에는 부동산등기사항증명서를 보는 방법에 대하여 설명을 좀 해주세요.

이 위원 : 넵. 알겠습니다.

부동산등기사항전부증명서를 볼 줄 알아야 한다.

이 위원 : 부동산은 공적장부가 있습니다.

공적장부는 부동산등기사항전부증명서, 토지대장, 임야대장, 건축물관리대장. 지적도, 임야도, 도시계획확인서 등이 있습니다.

이 중에서 권리사항에 대한 내용을 체크하기 위해서는 부동산등기사항전부증명서를 봐야 합니다.

부동산등기부등본은 부동산등기사항전부증명서로 용어가 변경되었습니다. 이는 법무부에서 관할하는데, 공신력이 아닌 공시력이 존재합니다.

권리분석을 할 경우는 부동산등기사항전부증명서를 보

고 하는 것입니다.

따라서 권리분석에 대한 책임은 본인 자신이 책임이 있기 때문에 신중히 하여야 합니다.

따라서 영업사원들은 반드시 거래를 하기 전에 거래처에 대해서 부동산등기사항증명서를 열람하여 권리 상에 문제는 없는지를 확인하고 거래를 해야 합니다.

은　경 : 그렇군요.

그런데 발급은 어떻게 해요?

이 위원 : 부동산에 대하여 권리 분석을 하기 위하여는 먼저 발급을 받아야 하는데, 부동산 등기사항전부증명서는 대법원 인터넷등기소(http://www.iros.go.kr)를 통해서 간편하게 발급받으실 수가 있습니다.

등기사항을 확인만 하려면 열람용을 이용하면 되고, 전자소송이나 관공서 등에 제출을 해야 하는 경우라면 발급용으로 출력을 하여야 합니다.

출력하여 문서로 제출 또는 출력 후 스캔하여 PDF파일로 제출하는 경우는 [발급하기]를 들어가서 발급용으로 출력하면 됩니다.

통상 아파트, 빌라, 오피스텔, 다세대주택 등 호실별로 등기가 구분된 건물의 경우는 [집합건물]로, 호실이 구분되어 있지만 호실별로 구분등기가 되어있지 않은 상가건물, 다가구주택 등의 경우는 [건물]을 선택하면 됩니다.

일반 주택, 빌딩, 상가 등은 통상 [토지+건물]로 [토지]
는 지번만 입력하면 됩니다.

동　민 : 부동산등기사항전부증명서는 어떻게 구성이 되어 있나
요?

이 위원 : 부동산등기사항전부증명서는 각각 토지와 건물이 있습
니다. 각각 발급을 해보면 표제부와 사항란으로 구성되
어 있습니다.

사항란은 다시 갑구와 을구로 구성되어 있습니다.

표제부는 토지 또는 건물의 주소, 지목, 면적, 구조 등
현황이 있고, 표제부를 보면 어느 정도 형태를 알 수 있
습니다.

집합건물인 경우는 표제부가 1동의 건물에 대한 표제부
와 전유부분의 표제부가 각각 있습니다.

갑구는 소유권에 관한 사항란으로 소유권자가 누구인지
를 알려면 갑구를 보면 알 수 있습니다.

그런데, 갑구에는 소유권과 관계된 이해관계인이 법적
조치가 들어와 있는 경우가 있지요.

가령, 압류, 가압류, 가처분, 가등기, 경매개시결정등
기, 환매특약, 금지사항등기, 예고등기 등이 있을 수 있
습니다. 다만, 예고등기는 2011년 폐지되었으나 그 이
전에 있었던 것은 있을 수 있습니다.

을구를 통하여 확인할 수 있는 권리에는 소유권이외의
권리자로 주로 물권자가 있습니다.

가령, 용익물권인 지상권, 지역권, 전세권이 있고 처분물권인 권리질권, (근)저당권, 지상권부근저당권, 전세권부근저당권, 근저당권부가압류, 임차권등기, 전세권이전청구권보전가등기, 전세권처분금지가처분, 지상권이전을 위한 환매권 등이 있습니다.

동　민 : 와우. 이렇게 많아요?

이 위원 : 그렇습니다.

따라서 이러한 권리들이 전부 있을 수도 있지만 일부만 있을 수 있지요.

물론, 권리가 깨끗한 경우도 있습니다.

은　경 : 그럼.

만일 담보를 확보한다면 권리관계가 깨끗한 것을 해야겠네요?

이 위원 : 당연하죠.

깨끗한 물건에 가압류를 한다든지, 근저당권, 전세권, 가등기 등 담보를 확보해야겠지요.

그래야 정상적으로 채권회수가 안되면 나중에 혹시 경매로 진행되었을 경우, 배당에 참여하여 채권을 만족할 수 있으니까요.

은　경 : 그렇군요.

위원님. 등기를 보고 권리분석 요령을 좀 해주세요.

이 위원 : 네. 이들 권리들과 자세한 권리분석 방법에 대해서도 다음에 별도로 말씀을 드리겠습니다.

지금은 부동산등기사항전부증명서를 보고 권리분석의 원칙적인 부분만을 말씀드릴게요.

은　경 : 예. 알겠습니다.

이 위원 : 부동산에 대하여 권리분석을 할 경우는 1차적으로 부동산등기사항전부증명서상 나타난 권리자가 누군인지 갑구와 을구를 통하여 파악 합니다.

부동산등기사항전부증명서에 대한 권리분석은 갑구와 을구를 통하여 하게 되는데, 갑구에 있는 권리자들끼리 분석할 경우는 갑구의 순위번호 순으로 하고, 을구에 있는 권리자들끼리 분석할 경우는 을구의 순위번호 순위로 합니다.

1, 2, 3. 순위는 주등기라고 하고 1-1, 2-1, 3-1. 은 부기등기라고 합니다.

주등기 순위는 주등기 순위 기준으로 하고 부기등기는 주등기 순위로 합니다.

부기등기 간에는 부기등기 순위로 합니다.

그러나 다른 구 즉 갑구와 을구의 권리가 있는 경우는 접수년월일로 하고 접수 년월이 동일한 일자인 경우는 접수번호에 따라서 권리분석을 합니다.

이와 같이 부동산등기사항전부증명서상의 권리분석을 하는 경우에는 갑구와 을구에 기재되어 있는 각각의 권리들을 등기일자에 따라 비교 분석하여야 합니다. 또한 물권과 물권간의 순위는 순위배당, 채권과 채권간의 순

위는 안분배당, 물권과 채권간의 순위는 순위배당, 채권
과 물권간의 순위는 안분배당 등을 알고 있어야 권리분
석을 잘 할 수 있습니다.

배당의 종류에도 안분배당, 순위배당, 안분후흡수배당,
동시배당, 이시배당, 순환배당 등이 있습니다.

혹시 부동산 경매와 권리분석에 대해서 관심이 있으시
면 "부동산 경매와 권리분석 완전정복"(저자 이충호, 출
판사 마지원)을 참조하여 주시기 바랍니다.

재　철 : 와우. 그렇군요. 잘 알겠습니다.

위원님, 물품공급계약서의 법적성질을 알고 싶습니다.

물품공급계약서의 법적성질을 알아야 한다.

이 위원 : 정말 좋은 질문입니다.

영업사원들이 영업을 하시면서 물품공급계약서의 법적 성
질을 이해하고 영업을 하는 것은 아주 중요하다고 봅니다.

재　철 : 저의 회사 영업팀에서는 판매를 하면서 서면으로 작성된
계약서를 활용하기도 하지만, 어떤 경우는 구두 상으로
약속을 하고 판매하는 경우도 있습니다.

이와 같이 판매를 하면서 계약서를 반드시 작성해야 하는
지, 아니면 계약서를 작성하지 않고 구두 상으로만 약속
을 하고 판매를 해도 되는지요?

계약서의 법적성질을 알고 싶어요?

이 위원 : 아주 중요한 질문을 해주셨습니다. 영업사원들이 이러한 기본적인 개념을 이해하는 것은 중요합니다.

우선 계약이 이루어지면 계약체결상의 과실책임이 문제 되고, 계약의 효력으로서는 동시이행의 항변권과 위험부담이 문제가 됩니다.

계약은 채무불이행을 원인으로 하는 해제 또는 해지에 의하여 소멸합니다.

물품공급계약의 법적성질은 4가지로 봅니다.

첫째, 낙성계약(諾成契約)입니다.

이는 구두 상으로 약속하고 이행하기로 한 것도 계약이 고 또한 서면으로 작성하고 계약한 것도 계약입니다.

즉, 의사표시가 합치되기만 하면 계약이 성립하는 것을 말합니다.

다만 구두 상으로 한 것은 향후에 다툼 시에 입증의 곤란한 점이 있습니다. 따라서 가급적이면 서면으로 하는 것이 좋겠지요.

대부분 낙성계약으로 교환계약, 소비대차계약, 사용대차계약, 증여계약, 전세금계약 등이 있습니다.

낙성계약의 반대되는 성질로 요물계약(要物契約)이 있는데, 이는 합의만으로는 부족하고 여기에 더하여 물건의 인도나 기타 급부를 해야만 성립하는 것을 말합니다.

이는 동산의 경우는 계약서를 작성하고 현실인도가 이루 어져야 하고, 부동산의 경우는 계약서를 작성하고 등기

이전을 해야 비로소 계약이 성립하는 것으로 대물변제계약, 현상광고계약 등이 있습니다.

재 철 : 그렇군요.

이 위원 : 둘째, 쌍무계약(雙務契約)입니다. 이는 계약 당사자 간에 의무부담을 갖는 겁니다.

판매자와 매수자가 계약을 하면은 서로 간에 성실히 의무를 이행해야 합니다.

판매자는 납품을 해야 하는 의무부담을 갖는 것이고 채무자는 대금지급 의무부담을 갖는 것입니다.

만일 판매자가 납품을 성실히 하지 않으면 구매자로부터 손해배상을 청구 당할 위험에 놓이게 됩니다.

또한 구매자는 대금을 지급하지 않으면 판매자로부터 채무불이행에 따른 계약해지, 손해배상, 담보권실행, 강제이행청구 등을 당할 수 있습니다.

쌍무계약의 반대되는 성질로 편무계약(片無契約)이 있는데, 이는 일방적으로 상대방에게 주는 것으로 사인증여(死因贈與)를 말합니다.

동 민 : 그렇군요.

이 위원 : 셋째, 유상계약(有償契約)입니다.

판매자가 납품을 하는 것은 당연히 판매대금을 받는 조건으로 하는 계약으로 유상계약이라고 합니다.

아마도 대금을 받지 않는 조건으로 한다면 무상계약(無償契約)이 되겠지요.

재　철 : 그렇군요.

이 위원 : 넷째, 불요식계약(不要式契約)입니다.

매매계약을 체결하면서 사적자치에 의해서 특정한 요식에 의하지 않고 당사간의 합의만 되면 체결되는 계약을 말합니다.

다시 말해, 형식, 방식, 내용, 상대방선택의 자유입니다. 다만, 불법행위의 내용이 없어야겠지요.

가령, 원시적불능, 의사무능력자와의 계약, 반사회적법률행위(민법 제103조), 불공정한 거래 행위(민법 제104조), 통정한 행위(민법 제108조) 등은 무효입니다.

이와 반대로 요식행위(要式行爲)가 있는데, 법인설립행위, 유언, 혼인, 이혼, 인지, 입양, 어음발행, 수표발행, 등기신청 등이 있습니다.

동　민 : 그렇군요. 이제 매매계약의 법적성질을 이해했습니다. 그런데, 납품을 하게 되면 소유권은 어떻게 되나요?

이 위원 : 아주 좋은 질문입니다.

소유권유보부판매조항 등 특별한 조항을 두지 않으면 상인 또는 제조회사가 납품한 경우는, 대금을 받고 납품을 하든지 또는 외상으로 납품을 하든지 간에 소유권이 구매자에게 귀속 됩니다.

이때 대금지급조건이 별도로 없다면 납품과 동시에 대금을 즉시 청구할 수 있습니다. 이를 동시이행항변권이라고 합니다.

다만, 대금 지급 조건(확정기한부 채권, 불확정기한부
채권 등)이 별도로 정해졌다면 비로소 그때가 되어서야
채권에 대한 청구권이 발생합니다.

재　철 : 와우. 이제야 정확히 알겠습니다.

계약의 중요성 및 법적성질을 이해하게 되었습니다.

채권관리의 자신감이 생겼습니다.

감사합니다.

김 팀장 : 위원님, 저의 회사는 매출 여신관리 중 신용판매 여신
비중이 70%로 높은 상황에 있습니다. 따라서 리스크
관리에 문제가 있어서 담보 · 보증 · 보험상품의 판매 비
중을 높이고자 합니다.

특히 또한 소규모회사의 판매 비중이 높은 편이라서 리
스크 관리에 문제가 많은 편입니다.

담보, 보증, 보험에는 어떠한 것이 있는지를 알자.

이 위원 : 그렇군요.

그럼, 여신관리 정책을 바꿔서라도 담보 비중을 높여야
하시 않을까요?

재　철 : 담보 비중을 높이게 되면 거래의 안정성은 좋아지겠지만
매출 증가는 다소 둔화될 것이라고 보여 집니다.

이 위원 : 그렇겠지요.

하지만 판매도 중요하지만 판매대금 회수도 중요합니다.

특히 부실채권비중이 너무 **빠른** 속도로 증가되고 있는
게 문제입니다.

가급적 담보 · 보증 · 보험상품 비중을 높일 수 있는 방
안을 검토하여 볼 필요가 있습니다.

여러분 회사의 담보 · 보증 · 보험상품 중 주로 활용하고
있는 게 어떤 것입니까?

김 팀장 : 네. 주로 계약이행보증보험증권, 근저당권, 실권 등입니다.

이 위원 : 그렇군요.

다양하게 활용할 수 있는 담보 · 보증 · 보험상품이 많이
있는데, 별로 활용을 안 하시는 것 같군요.

김 팀장은 큰 고민이 아닐 수 없다고 생각을 했다. 거래 시 처음부
터 담보를 요구할 경우 영업에 다소 어려움이 예상될 것이기 때문
이다. 하지만 팀장으로서 거래의 안정성을 확보하기 위해서는 담
보 · 보증 · 보험상품은 중요하다고 생각을 하였다. 담보 · 보증 ·
보험상품에는 어떤 종류의 것들이 있는지 알고 싶었다. 위원님에
게 물어 봐야겠다.

김 팀장 : 위원님.

저의 회사의 신용판매에 따른 부실채권 비중이 늘고 있
어서 가급적 담보 · 보증 · 보험상품 비중을 늘리라는 정
책이 있었습니다.

이를 확보하는 데는 다소 어려움이 있습니다.

담보·보증·보험상품에 대한 다양한 종류와 이 비율을 높일 수 있는 방안을 말씀해 주셨으면 합니다.

이 위원 : 그렇군요.

쉽지는 않겠지만 아주 중요한 정책입니다.

우선 종류부터 어떤 것이 있는지 말씀을 드리지요.

담보·보증은 크게 3가지로 나누어서 말씀을 드릴게요.

첫째, 인적담보입니다.

인적담보는 연대보증인과 보증채무가 있습니다.

둘째는 물적담보입니다.

물적담보는 부동산, 동산, 권리 및 채권에 대한 담보를 설정하는 것입니다.

이에는 물상보증인, 전세권, 유치권, 질권, 근저당권, 전세권부근저당권, 근저당권부질권, 지상권부근저당권, 특허권에 대한 근저당권, 담보가등기, 양도담보, 매도담보, 공장재단저당권, 동산근담보권, 채권양도, 명인방법 등이 있습니다.

셋째는 보증보험증권 등이 있습니다.

이에는 세약이행보증보험증권, 매춘채권보험, 매출채권신용보험, 지급보증, 담보신탁에 따른 수익증권, 전자보험 등이 있습니다.

재 철 : 담보를 설정할 수 있는 종류가 다양하군요.

우리 회사는 계약이행보증보험증권, 근저당권, 질권 등

이 전부인데, 앞으로 연구해서 다양한 담보를 활용토록
해야겠습니다.

이 위원 : 그렇게 하시면 좋지요.

우선 이러한 담보가 있다는 것을 알고 상황에 따라 협
상을 통하여 담보를 활용하는 것이 좋겠습니다.

거래 시 우량거래처가 아닌 경우는 처음 거래 개시부터
가급적 담보를 요구하거나 현금거래를 하는 것이 좋겠지
만, 부득이 신용거래를 했다가 부실징후가 발견되면 신
속히 협상을 통하여 담보를 확보하는 것이 중요합니다.

만일, 매출목표 달성에 연연하여 상당한 신용여신으로
제공하였다가 부실채권이 발생하면 담보도 확보 못하
고, 회수도 못하면 큰 문제가 아닐 수 없습니다.

김 팀장 : 그렇군요. 잘 알겠습니다.

담보 · 보증에 대하여 연구를 많이 해서 활용하도록 하
겠습니다.

감사합니다.

오늘은 이상 마치고 내일 마지막으로 대손회계에 대해
서 학습하기로 하겠습니다.

이 위원 : 오늘 수고들 하셨습니다.

내일 뵈어요.

이렇게 해서 거래처 리스크 관리를 위한 재무제표 분석, 손익관리
기법, 매출채권 관리 및 회수 기법 등에 대해서 배웠다.

이제 팀원들은 상당한 실력을 갖추게 되었다. 마지막으로 대손처리는 어떻게 되는지 궁금하였다.

대손은 거래처의 부도, 파산, 폐업, 사망, 행불, 소멸시효 완성 등으로 인하여 더 이상 회수 할 수 없는 경우가 발생하게 되면 채권자는 대손처리를 검토해야 한다.

채권자는 대손처리를 할 경우, 대손요건과 증빙을 갖추어서 대손처리를 해야 하는데, 어떻게 준비를 해야 하는지 생각하여 본다.

제8장

대손요건과 증빙을 갖추어야 한다

제8장

대손요건과 증빙을 갖추어야 한다

김 팀장 : 위원님. 어서 오십시오. 벌써 오늘 마지막 시간이 되었네요. 오늘도 좋은 강의 부탁드립니다.

이 위원 : 네. 잘 알겠습니다.

대손의 개념을 알다.

재　철 : 안녕하세요. 평소에 대손처리에 대해서 궁금했습니다. 기본적인 개념과 대손처리 및 대손설정, 대손요건, 대손증빙, 대손세액공제 등에 대해서 알고 쉽습니다.

이 위원 : 좋아요. 오늘 마지막 강의로 대손회계에 대해서 말씀을 드리겠습니다.

우선 대손의 개념입니다.

대손처리는 소멸시효 완성, 부도, 사망, 행불, 회생채권 중 탕감 등으로 인하여 더 이상 회수할 수 없는 채권을 비용처리 하는 것을 말합니다.

이와 같이 부실채권 중 향후 회수할 수 없다고 판단되는 거래처의 외상잔고에 대해서는 세무상 요건 및 구비서류를 갖추어 대손처리를 할 수 있습니다.

채권자는 채권회수 방법으로 여러 가지 회수 노력을 하였는데도 불구하고 채무자와 연대보증인의 무자력 등으로 회수할 수가 없는 경우에 대손처리를 검토하여야 합니다.

재　철 : 그렇군요. 그럼 대손처리는 주로 언제하게 되나요?

이 위원 : 일반적으로 회사는 연말이 되면 결산을 하면서 대손처리 여부를 검토합니다.

채권관리담당자와 회계담당자가 1차적으로 검토하여 최종 의사결정권자의 승인을 받아서 처리를 합니다.

동　민 : 만약에 대손처리를 하면 영업사원들은 포기를 해도 되나요?

이 위원 : 반드시 그렇지는 않습니다. 실무적으로 대손처리를 하였다고 하여 회수 활동을 중단하여서는 아니 됩니다.

대손 처리한 채권을 별도로 비망관리를 하면서 회수 할 수 있도록 노력을 할 필요가 있습니다.

세법에서는 대손이 예상되는 대손 추산액에 대하여 일정 금액 한도 내에서 대손충당금을 설정할 수 있도록 하고 있습니다.

은　경 : 대손충당금이라고 하셨는데, 개념을 알고 싶어요.

이 위원 : 대손충당금은 미래의 대손처리에 대비하기 위하여 회계
연도 말에 대손예상액을 비용으로 계상한 충당금을 말
합니다. 회계연도 말이 되면 결산을 하면서 매출채권에
대하여 대손을 다음과 같이 추정합니다.

대손 추정

기말 대손충당금 추정 - 전년 말 대손충당금 잔액 = 당기의 대손상각비(±)
※ 매년 결산기에 대손충당금을 추정한다.

다음과 같이 대손회계처리를 합니다.

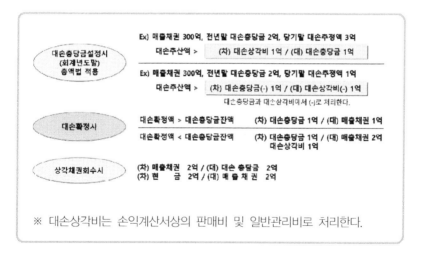

가령, 연말에 매출채권이 300억 원에 대손충당금 1%를
설정한다면 3억 원이 나옵니다. 그러면 전년도 대손충

담금 2억 원을 공제하면, 당기에 추가로 1억 원을 대손 처리하는 것입니다.

(매출채권 300억 원 × 1% = 3억 - 전년도 대손충당금 2억 원 = 당기말 대손충당금 1억
※ 차변) 대손상각비 1억 / 대변) 대손충당금 1억

바로 이렇게 계상된 당기말 대손충당금 1억원을 손익계산서상 판매비 및 일반관리란에 대손상각비로 처리하는 것입니다.

그러나 연말에 매출채권이 300억 원에 대손충담금 0.33%를 설정한다면 1억 원이 나옵니다. 그러면 전년도 대손충담금 2억 원을 공제하면, 당기에 △1억 원을 대손처리하는 것입니다.

(매출채권 300억 원 × 0.33% = 1억 - 전년도 대손충당금 2억 원 = 당기말 대손충당금 △1억
※ 차변) 대손충담금 △1억 / 대변) 대손상각비 △1억

바로 이렇게 계상된 당기말 대손충당금 △1억 원을 손익계산서상 판매비 및 일반관리란에 △대손상각비로 처리하는 것입니다.

이와 같이 대손충당금 설정율을 얼마로 설정할 것인가
는 정책으로 정하는데, 일반적으로 그 방법은 3가지가
있습니다.

대손충당금 설정 시 3가지 방법이 있다.

이 위원 : 대손충당금설정시 대손예상액을 추정하는 방법에는 개
별법, 경험률법, 연령분석법이 있습니다.
이 중에서 가장 합리적인 방법은 연령분석법입니다.
개별법은 업체별로 채권회수가 가능한지 또는 불가능한
지를 따져 봅니다.

대손충당금 설정(개별법)

서래처	대손예상매출채권	채권확보액	차감액	대손충당금설정요구액
甲	50,000	20,000	20,000	20,000
乙	30,000	35,000	- 5,000	-
丙	20,000	15,000	5,000	5,000
丁	25,000	0	25,000	25,000
합계	125,000	70,000		50,000

※ 개별법은 거래처별로 회수 가능여부를 검토한다.

개별법은 거래처별로 매출채권 금액에서 담보가 확보되
어 있는 경우는 공제하고 신용으로 제공된 부분만 대손
을 추정합니다.
다음으로 경험률법은 과거의 대손경험률을 적용합니다.

대손충당금 설정(경험률법)

대손추산액의 산정 : 1,500,000 x 3% = 45,000
대손충당금 잔액   30,000
추가 설정액   15,000

※ 경험률법은 거래처별로 개별판단하는 것이 아니고 전체의 매출채권 금
  액 중에서 과거(평균 3개년도 적용)의 부실발생률을 감안하여 검토한다.

경험률법은 거래처별로 개별판단하는 것이 아니다.

전체 매출채권 금액 중에서 과거 3개년도 부실률을 감안
하여 대손을 추정한다.

다음은 매출채권을 기간별로 년령분석법을 적용하여 대
손경험률을 적용합니다

대손충당금 설정(연령분석법)

경과기간	매출채권	대손경험률
1 ~ 30일	500,000	1%
31 ~ 60일	400,000	3%
61 ~ 90일	300,000	4%
91 ~ 120일	200,000	5%
120일 이상	100,000	20%
합 계	1,500,000	

※ 연령분식법은 미회수 매출채권을 기간별로 대손율을 적용하여 회수 가
  능여부를 검토한다.

연령분석법은 미회수, 즉 외상매출금을 기간별로 대손
율을 적용하여 회수 가능여부를 검토를 합니다.

가급적 채권 연령이 짧은 채권은 적은 대손율을 적용하
고, 채권 연령이 장기채권인 경우는 대손율을 높여서 대
손을 추정합니다.

상기 3가지 중에서 가장 합리적인 방법은 연령분석법 입
니다.

재 철 : 와우. 그렇군요.

그럼 대손처리 시는 말씀하신 것을 우리 영업팀에서 처
리를 해야 하나요?

이 위원 : 꼭 그렇지는 않지만, 회계연도 말에 결산 시 영업팀과
회계 팀에서 협의를 해서 대손검토를 합니다.

대손검토 시는 법인세법 시행령 제19조 2항에 열거된
대손처리가 가능한 회수할 수 없는 채권을 중심으로 검
토를 합니다.

다만, 회계처리는 회계 팀에서 하겠지만, 영업팀은 이
에 대한 증빙을 갖추어 놓아야 합니다.

만일 증빙을 갖추지 못한 경우, 일부 대손처리 건에 대
해서는 세무상 부인을 당하여 법인세를 부담 할 수 있습
니다.

그리고 "주식회사 등의 외부회계감사 등에 관한 법률"
에 의해 외부회계감사를 받는 경우에는 회계사들이 꼼
꼼하게 대손검토를 합니다.

은　경 : 그렇군요.

그럼, 법인세법에서 규정하고 있는 대손처리 시 요건에 대해서 말씀을 해주시지요?

대손처리 시 대손요건을 갖추어야 한다.

이 위원 : 대손처리 시는 다음과 같이 13가지 대손요건을 갖추어야 합니다. 인정 범위는 법인세법 시행령 제19조 2항에 열거된 대손처리가 가능한 회수할 수 없는 채권으로 다음과 같이 규정하고 있습니다.

① 상법에 의한 소멸시효가 완성된 외상매출금 및 미수금

② 어음법에 의한 소멸시효가 완성된 어음

③ 수표법에 의한 소멸시효가 완성된 수표

④ 민법에 의한 소멸시효가 완성된 대여금 및 선급금

⑤ 채무자 회생 및 파산에 관한 법률에 의한 채무자 회생 결정에 따라 회수불능으로 확정된 채권

⑥ 민사집행법 102조의 규정에 의한 채무자의 재산에 대한 경매가 취소된 압류채권

⑦ 물품의 수출 또는 외국에서의 용역제공으로 발생한 채권으로서 기획재정부령으로 정하는 사유에 해당하여 무역에 관한 법령에 따라「무역보험법」제37조에 따른 한국무역보험공사로 부터회수불능으로 확인된 채권

⑧ 채무자의 파산, 강제집행, 형의 집행, 사업의 폐지, 사망, 실종, 행방불명으로 인해 회수할 수 없는 채권

⑨ 부도발생일로부터 6개월 이상 경과한 수표 또는 어음상의 채권 및 외상매출금(중소기업의 외상매출금으로서 부도발생의 이전의 것에 한함). 다만, 해당법인 이채무자의 재산에 대해 저당권을 설정하고 있는 경우는 제외한다.

그러나 중소기업의 외상매출금 및 미수금으로써 회수 기일이 2년 이상 지난 경우 가능하다. 다만, 특수관계인과의 거래로 인하여 발생한 외상매출금등은 제외한다.

⑩ 재판상 화해 등 확정판결과 같은 효력을 가지는 것으로서 기획재정부령으로 정하는 것에 따라 회수불능으로 확정된 채권.

⑪ 회수기일을 6개월 이상 경과한 채권 중 회수비용이 해당 채권가액을 초과하여 회수실익이 없다고 인정되는 30만 원 이하의 채권(채무자별 채권가액의 합계액을 기준으로 한다)

⑫ 금융기관의 채권 중 대손처리기준에 띠라 금융기관이 금융감독원장으로부터 대손금으로 승인을 받은 것과 금융감독원장으로부터 대손처리 요구를 받은 채권으로서 해당금융기관이 대손금으로 계상한 것.

⑬ 「벤처투자 촉진에 관한 법률」 제2조 제10호에 따른

중소기업창업투자회사의 창업자에 대한 채권으로서 중소벤처기업부 장관이 기획재정부 장관과 협의하여 정한 기준에 해당한다고 인정한 것 등.

위에서 열거한 회수불능채권에 대하여 대손처리를 하기 위해서는 회수노력 근거가 있어야 하고, 기타의 경우는 회수노력 근거와 채무자의 무재산증명이 있어야 합니다. 또한 손금산입시기를 맞추어서 처리해야 합니다. 만일, 제때에 대손처리를 하지 않으면 향후에 대손처리를 할 수 없기 때문입니다.

위 신고조정사항 중 ①~⑥은 장부에 기록하지 않아도 신고할 때 조정할 수 있습니다. 그리고 결산조정 사항으로 ⑦~⑬은 장부상에 계상하여야 대손으로 인정을 받을 수 있습니다.

재 철 : 그렇군요.

이 위원 : 그러나 다음의 경우는 대손금으로 인정되지 않습니다.

① 채무보증으로 인하여 발생한 구상채권입니다.

법인이 특수관계인 등 다른 법인이나 개인에게 채무보증을 한 후 이를 대위변제함에 따라 발생하는 구상권 청구채권의 경우 대손충당금 및 대손처리 대상에 제외 됩니다.

② 특수관계인에게 업무와 관련 없이 지급한 가지급금 등입니다.

특수관계인에 업무와 관련 없이 지급한 가지급금 등

에 해당하는 대여금은 대손충당금 및 대손처리대상 채권에서 제외 됩니다.

단, 특수관계가 성립되기 이전에 업무와 관련이 없이 자금을 대여하였다가 특수관계가 성립한 이후 대손사유가 발생한 경우 손금으로 인정한 것이나 실질판단에 따라 업무와 관련이 없이 재대여한 것으로 인정한 경우는 손금에 산입을 할 수 없습니다.

③ 회수할 수 없는 부가가치세 매출세액으로 대손세액공제를 받은 경우입니다.

단, 대손세액공제를 받지 아니한 부가가치세액은 손금으로 인정 가능합니다.

④ 원천세대납액입니다.

특수관계인에게 처분된 소득에 대한 소득세대납액은 대손금으로 처리할 수 없습니다.

이 경우 원천세대납액을정당한 사유 없이 회수하지 아니한 경우에는 그 특수관계인에게 소득처분 합니다. 만약 귀속이 불분명하여 대표자 상여 처분한 경우 그 소득세 등 대납액은 기타 사외유출로 처분합니다.

동　민 : 그렇군요. 그런데 너무 어렵습니다.

이 위원 : 여러분은 너무 고민하지 마세요. 세법 관련 업무는 회계팀에서 처리를 할 겁니다. 여러분은 다음의 대손처리 시 조사보고서 등 구비서류를 잘 갖추면 됩니다.

법인이 채무자의 파산, 강제집행, 형집행, 사업폐지 및 채무자의 사망, 실종, 행방 또는 무재산등으로 인하여 회수 할 수 없는 채권은 채권회수가 불가능함을 입증할 수 있는 객관적인 증빙 자료를 상기와 같이 갖추어야 합니다.

그러나 공부상 확인이나 증명이 곤란한 무재산 등에 관한 사항은 채권관리팀의 조사보고서 등에 의할 수 있습니다.

조사보고서 작성 양식

업체명	채권 발생일	채권 금액	활동 내역	사유	실무자 의견	책임자 의견
A						
B						
C						
D						
E						
.....						

※ 조사보고서 작성시 다음의 내용을 확인한다.
1. 채무자의 본적지, 최종 및 직전주소지(법인의 경우는 등기부상 소재지)와 사업장 소재지를 관할하는 관공서의 공부상 등록된 소유재산의 유무
2. 다른 사업장에서 사업을 영위하고 있는지 여부
3. 채무자가 보유하고 있는 동산에 관한 사항
4. 기타 채무자의 거래처, 거래은행 등에 대한 탐문조사내용 등 채권회수를 위한 조치 사항
5. 보증인이 있는 경우에는 보증인에 대하여도 상기와 같은 내용을 조사하여 기재한다.

김 팀장 : 그렇군요.

저의 영업팀에서는 증빙을 잘 갖추어 놓아야겠군요.

대손처리 시 증빙을 갖추어야 한다.

이 위원 : 맞습니다.

대손처리를 하기 위해서는 다음의 서류를 갖추어야 합니다.

회수불능채권을 대손처리하기 위해서는 회수노력근거와 채무자의 무재산증명이 있어야 합니다. 회수노력근거와 채무자의 무재산증명과 관련된 서류는 가능한 폐기하지 말고 모두 보관하는 것이 좋습니다.

① 외상매출금 및 미수채권 소멸시효 등으로 회수가 불가능한 채권입니다.

입증서류로는 회수노력을 위해 진행한 출장보고서, 소송 및 관련 증빙 등 재산조사보고서와 부실채권발생보고서 등입니다.

② 회수불능채권임을 입증할 수 있는 서류입니다.

입증서류로는 소멸시효 완성증빙서류, 부도어음·수표 등 회수불능임을 입증할 수 있는 서류를 갖추어야 합니다.

③ 채무자등의 파산, 강제집행, 해산, 청산, 사업폐지 등으로 회수가 불가능한 채권입증서류로는 법원의

파산, 강제집행, 해산, 청산완료 등입니다. 파산 시에는 파산종결결정문, 강제집행 시는 강제집행조서, 법인등기사항증명서 등이 필요합니다.

또한 사업의 폐지 시에는 관할세무서의 휴 · 폐업사실증명서가 필요합니다. 다만, 휴 · 폐업신고미필 등으로 서류발급이 불가능한 경우는 출장보고서로 갈음할 수 있습니다.

재산조사 시 증빙서류로는 법인등기사항증명서, 사업자등록증사본 등이 필요하나, 다만 부동산등기사항증명서의 징구가 불가능한 경우는 토지대장등본, 건축물관리대장, 재산세과세증명, 미과세증명 등으로 갈음할 수 있습니다.

④ 채무자 등의 사망, 실종, 행방불명 등으로 회수가 불가능한 경우입니다.

사망, 실종 시 입증서류로는 가족관계증명서(또는 주민등록등본), 법원의 실종신고, 법원의 상속 포기 결정문 서류 등이 필요합니다.

또한 행방불명 시는 동(읍 · 로) 주민센터의 직권말소확인서류, 불거주증명서(인우증명서)와 함께 법인등기사항증명서, 사업자등록증사본이 필요합니다.

다만, 부동산등기사항증명서의 징구가 불가능한 경우는 토지대장등본, 건축물관리대장, 재산세과세증명, 미과세증명 등으로 갈음할 수 있습니다.

⑤ 채무자 등에 대한 담보권 실행경매, 강제경매 등의 법적 절차나 기타 가능한 모든 회수 방법에 의하여서도 회수가 불가능한 경우입니다.

입증서류로는 담보권실행경매, 강제경매 등으로 법적절차완료 서류 또는 기타회수방법에 의한 회수노력서류 등이며 관련서류로는 법인등기사항증명서, 사업자등록증사본 등이 필요합니다. 다만 부동산등기사항증명서의 징구가 불가능한 경우는 토지대장등본, 건축물관리대장, 재산세과세증명, 미과세증명 등으로 갈음할 수 있습니다.

⑥ 회수비용이 회수금액을 초과하여 회수 실적이 없는 경우입니다.

입증서류로는 회수비용 및 회수금액추정 자료를 작성한 보고서 등이 필요합니다.

⑦ 기타 회수가 불가능한 경우입니다.

해외 이주시 입증서류는 해외 이주법에 의한 전 가족 해외이주허가서(또는 주민등록등본) 및 출국사실증명서 등이 필요하다. 재산조사증빙서류로는 법인등기사항증명서, 사업자등록증사본 등이 필요하지만, 부동산등기사항증명서의 징구가 불가능한 경우는 토지대장등본, 건축물관리대장, 재산세과세증명, 미과세증명 등으로 갈음할 수 있습니다.

재 철 : 그렇군요. 잘 알겠습니다.

철저히 준비하여 갖추어 놓도록 하겠습니다.

은 경 : 거래처로부터 회수를 못하고 대손처리를 하게 되면 대손
세액공제를 받는다고 하는데, 이 말은 무슨 말인지 개념
에 대해서 말씀을 해주셨으면 합니다.

대손세액공제를 받자.

이 위원 : 와우. 좋아요.

마지막으로 대손세액공제에 대해서 말씀을 드리겠습니다.
우선 대손세액공제란 여러분 회사에서 판매를 하게 대
면 공급가액과 부가가치세 10%를 포함하여 회수를 하
는 것입니다.

판매자는 부가가치세 신고 일에 국세청에 판매한 매출
세액에서 매입세액을 공제를 하고 납부를 하거나 환급
을 받습니다.

부가가치세 신고

부가가치세 매출세액 - 부가가치세 매입세액 = 납부 또는 환급

※ 부가세 신고기한

- 2기 전년도　　확정신고　01.25(7.1~12.31)
- 1기 당해연도　예정신고　04.25(1.1~3.31)
- 1기 당해연도　확정신고　07.25(1.1~6.30)
- 2기 당해연도　예정신고　10.25(7.1~9.30)

하지만, 거래처로부터 회수를 하지 못하고 대손처리를 하게 되면 대손세액공제를 받게 됩니다.

은　경 : 그렇군요.

대손세액공제에 대한 근거가 있나요?

이 위원 : 당연히 있습니다.

대손세액공제에 대한 사항과 대손사유는 부가가치세법 제45조와 부가가치세법시행령에 규정되어 있습니다.

이는 법인세법 시행령에 열거되어 있는 대손금의 범위와 같습니다.

그리고 대손세액을 공제받기 위해서는 대손세액공제신고서에 기재할 사항을 기재하고, 매출세금계산서 사본과 대손사실을 증명하는 서류를 갖추어 신고하여야 합니다.

대손세액공제는 일정기간 이내에 발생한 경우에만 공제를 받을 수 있습니다. 대손세액공제 대상은 재화 또는 용역을 공급한 그 공급 일로부터 10년이 경과한 날이 속하는 부가가치세 과세기간의 확정신고 기간까지 대손사유로 인해 회수할 수 없는 것으로 확정된 경우에 가능합니다(부가가치세법시행령 제87조 ②).

다만, 부도어음의 대손공제시기는 (1) 부도발생일로부터 6개월 이상 지난날이 속하는 과세기간의 확정신고시부터 (2) 당초공급일로부터 10년이 지난날이 속하는 과세기간의 확정신고 기한까지, 법인세법(소득세법)상대손금으로 계상한 날이 속하는 과세기간의 매출세액에서 공제할 수 있습니다.

대손세액공제금액 = 대손금액 × 10/110

재　철 : 그렇군요.

은　경 : 잘 알겠습니다.

동　민 : 고맙습니다.

이 위원 : 이싱으로 모든 강의를 마치도록 하겠습니다.

다음에 기회가 된다면 더 좋은 내용으로 찾아뵙도록 하겠습니다.

모두들 수고하셨습니다.

감사합니다.

김 팀장 : 위원님.

그동안 많은 가르침을 주시느라 수고 많으셨습니다.

덕분에 많은 것을 알게 되었습니다.

가르쳐 주신 것을 잘 활용하여 거래처 리스크 관리와 손익관리에 만전을 기하겠습니다.

대단히 감사합니다.

저자 약력

저자는 고려시멘트그룹, 한라그룹의 경영일선
에서 22년 실무 경험과 교육기관인 한국표준협회,
한국능률협회, 한국능률협회컨설팅, 한국 HRD교
육센터, 삼일아카데미, 금융연수원, 새마을금고,
농협, 수협 등에서 교육 및 컨설팅을 20여년 이상
하여 오면서 경영전략과 사업계획 및 예산 편성, 신규사업타당성 분
석, 마케팅전략 및 영업전략 , 매출채권 관리 및 회수 전략, 재무제표
분석을 활용한 의사결정, 원가계산 및 관리회계, 내부감사 및 내부통
제, 경영특강 등 활발히 1000회 이상 강의 및 경영컨설팅을 하였다.
본서는 경영자, 임원, 기획팀, 구매팀, 영업사원들이 거래처에 대한
리스크 관리 및 견적원가, 손익을 관리하기 위하여 재무제표를 읽고
원가마인드를 갖추고 업무를 수행하기 위한 내용으로 구성하였으며
경영자, 임원, 관리자, 영업사원 실무자라면 반드시 한번쯤 읽어야할
필독서로서 한 단계 Up-grade할 수 있을 것이라고 확신한다.

이 충 호 대표/소장

주)비아이경영컨설팅/코아채권관리연구소(www.corera.co.kr)
H.P 010-5323-6235 E-mail_lch6235@naver.com

서울시립대학교 경영대학원 석사
한라그룹 16년 이사(기획, 영업팀장, 법무ㆍ채권관리 팀장, 사업소장)
고려시멘트그룹 6년(회계ㆍ원가/경영분석/감사)
신용관리사/채권관리지도사/금융채권관리사/채권관리사/창업지도사/부동산경(공)
매권리분석사, M&A거래사

- 주) 비아이경영컨설팅 대표 겸 코아채권관리연구소 소장
- 한국표준협회(KSA) 수석경영전문위원
- 한국능률협회(KMA)/한국능률협회컨설팅(KMAC)Expert Consultant
- 한국생산성본부(KPC) 교수
- 삼일아카데미 전임교수
- 씨에프오아카데미 교수
- 새마을금고연수원 교수
- 중소기업진흥공단(SBC) 교수
- 대한법률학원 교수
- 한국금융연수원 교수

〈저 서〉

- 품질경영 잡지에 1년간 기고(1월호~12월호)(한국표준협회 2023)
- 개정증보5판) 상황별 채권관리와 회수 실무(삼일인포마인 2023)
- 개정증보3판) 부동산경매와 권리분석 완전정복(마지원 2023)
- 채권관리 실무 사례집(새마을금고연수원 2017)
- 실전A~Z 매출채권 관리 및 회수 실무 이렇게 하라(법률출판사 2016)
- 금융채권관리 上, 中, 下(한국표준협회 2015)
- 실전 채권 관리 및 회수 이렇게 하라(법률출판사 2015)
- 매출채권 관리 및 회수(법률출판사 2013)
- 채권관리실무 매뉴얼(법률출판사 2012)
- 매출채권 관리 이론 및 실무(법률출판사 2010)

거래처 리스크 관리를 위한 회계 및 손익관리 기법

2024년 7월 10일 1쇄 인쇄
2024년 7월 20일 1쇄 발행

저　　　자　이 충 호
발 행 인　김 용 성
발 행 처　**법률출판사**
　　　　　서울시 동대문구 휘경로 2길3. 4층
　　　　　☎ 02) 962-9154 팩스 02) 962-9156
등 록 번 호　제1-1982호
ISBN　　　978-89-5821-439-7　　13320
e-mail :　　lawnbook@hanmail.net